LA CUISINE
DES CONFITURES

Chantal de Rosamel

LA CUISINE DES CONFITURES

ÉDITIONS DE VECCHI S.A.
52, rue Montmartre
75002 PARIS

Malgré l'attention portée à la rédaction de cet ouvrage, l'auteur ou son éditeur ne peuvent assumer une quelconque responsabilité du fait des informations proposées (formules, recettes, techniques, etc.) dans le texte.
Il est conseillé, selon les problèmes spécifiques – et souvent uniques – de chaque lecteur, de prendre l'avis de personnes qualifiées pour obtenir les renseignements les plus complets, les plus précis et les plus actuels possible.

En couverture et à l'intérieur : © photographies Antoine Lorgnier/Diaporama

SOMMAIRE

Introduction

Mettre les fruits du verger en confitures, marmelades, gelées et pâtes est un moyen de conserver jusqu'au cœur de l'hiver les saveurs de l'été. À part quelques variétés de pommes, poires et coings à la maturité tardive, qui seront soigneusement disposées au fruitier et consommées au fur et à mesure de leur mûrissement, les fruits pourrissent.

Les Romains savaient déjà que les fruits, comme les légumes, se conservent à l'abri de l'air, et ont employé diverses façons astucieuses pour les protéger de l'oxydation, dont l'une nous intéresse parce qu'elle est la première recette de confiture connue en Europe : une recette de coings au miel, relatée en quelques mots dans l'*Histoire naturelle* de Pline. Plus tard, on retrouve une évocation des confitures dans le *Ménagier de Paris* (1393) et, au XVIe siècle, curieusement, dans un ouvrage de Nostradamus, *La Manière de faire toutes confitures liquides tant au sucre, miel, qu'en vin cuit*. Puis les confitures deviennent à la mode, elles se dégustent en dessert. Le XIXe siècle sera la grande époque des confitures bourgeoises et familiales, mode qui perdurera jusqu'après-guerre, où la confiture passera dans le domaine de l'industrie.

Aujourd'hui, qui prend encore le temps de faire des confitures ? Les amoureux de la nature, qui partent en balade familiale glaner les baies sauvages : mûres au bord des talus, myrtilles, airelles, arbouses, noisettes et faînes dans les sous-bois, etc. ; les propriétaires d'un jardin ou d'un verger, écrasés par l'abondance de leurs récoltes ; les adeptes d'un certain art de vivre, pour lesquels les confitures maison sont un symbole de raffinement et de plaisir. Car, si faire des confitures est fastidieux, exige du temps, du soin et de la patience, le plaisir qu'on en retire compense bien la peine éprouvée.

Plaisir intense de la création, et plaisir de faire goûter à sa famille ou d'offrir à ses amis une œuvre sortie de ses mains. Car, avec un peu d'imagination, chacun peut créer ses propres confitures en associant toutes sortes de fruits, en incorporant divers ingrédients : amandes, cerneaux de noix fraîches, épices et herbes, pétales de fleurs (violette, rose, acacia), tranches ou zeste de citron, miel, alcools, etc. ; composer ses marmelades avec des saveurs aigres-douces en vue

d'accompagnements culinaires. Et cela selon ses idées et ses goûts. C'est tout le plaisir de la création.

Sans oublier le plaisir de manger de bonnes choses ! Car les confitures faites à la maison ont un goût inimitable et entrent de multiples façons dans l'alimentation familiale. Pas de vrai petit déjeuner sans un choix de confitures pour agrémenter les tartines beurrées. Pas de goûter qui se respecte sans quelques toasts pour accompagner le thé, avec le pot de gelée de framboises, de groseilles ou d'oranges… Les préparations de fruits s'avèrent précieuses en desserts improvisés : compote d'abricots ou de pêches pour remplir une pâte à tarte vite faite ; confiture de rhubarbe pour agrémenter une crème anglaise ; confiture de fraises, de cerises ou autres pour une glace à la vanille ; gelée de cassis pour renforcer le goût du sorbet ; toutes les marmelades, enfin, pour garnir les crêpes sautées à la dernière minute lors d'un repas imprévu ou pour fourrer le cœur des pommes cuites au four. Et lorsqu'on se trouve vraiment à court de dessert, pourquoi ne pas offrir tout simplement un assortiment de ses confitures et marmelades joliment présentées avec des biscuits sur un plateau ?

Et puis, certaines confitures, compotes aigres-douces et gelées accompagnent parfaitement le gibier, les viandes blanches froides (groseilles, airelles, cynorrhodons, coings). Les pâtes de fruits, bien plus saines que les bonbons et autres douceurs, sont un régal pour tous.

LA CUEILLETTE ET LA CONSERVATION AU FRUITIER

LES BAIES SAUVAGES

La cueillette se fait en général le matin ou le soir, une fois le soleil adouci. Si vous allez glaner dans la nature, munissez-vous d'un panier large et plat pour les baies afin qu'elles ne s'écrasent pas trop. En mai-juin, vous trouvez les fraises des bois, framboises et cassis sauvages, les guignes, les noix vertes. En été, les mûres bleues des talus. En automne, les mûres noires en buissons, les myrtilles, les airelles, les cynorrhodons, les raisins, les noisettes, amandes, noix, faînes, etc. Ramenez les paniers chez vous et entreposez-les au frais dans la cave jusqu'au lendemain.

LES FRUITS DU JARDIN

Il faut les cueillir de préférence le matin après la rosée. La couleur, la tendreté sous le doigt vous indiquent la maturité. N'arrachez pas le fruit à la branche, ce qui nuirait aux futures récoltes, mais cueillez-le avec la grappe, la queue ou le pédoncule.

En ce qui concerne les pommes, poires, prunes ou coings, ne secouez pas l'arbre pour les faire tomber. Saisissez le fruit en main et détachez-le d'une légère torsion du poignet, déposez-le sans le cogner dans le panier. Mûr, il s'ôte aisément. Si tous ne sont pas accessibles, même à l'aide d'une échelle, on utilise un cueille-fruits pourvu d'un long manche.

Réservez les fruits abîmés pour les tartes et compotes à consommer rapidement et ne gardez, pour les confitures, que les fruits parfaitement sains, les plus parfumés et les plus fermes.

Certains fruits cueillis en fin d'automne encore verts et durs se conservent tout l'hiver au fruitier. C'est le cas des pommes et poires tardives, dont la

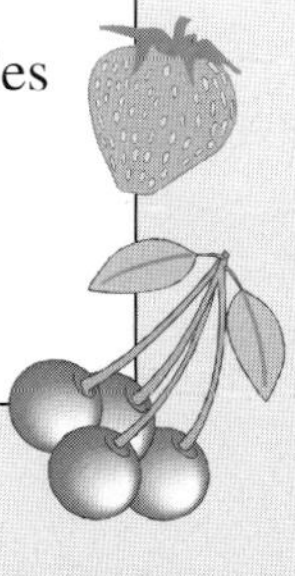

maturité physiologique vient bien avant la maturité gustative. Ces dernières, choisies sans tache, seront mises à mûrir sur des claies, une à une, sans se toucher, la queue en l'air, dans une pièce qui leur sera réservée : un lieu sombre (le plus souvent dans une cave), chaulé, aéré, frais, dont la température se maintient entre 8 et 12 °C avec un taux d'hygrométrie de 60 %. Chaque jour, on descendra au fruitier choisir les fruits qui sont à point et ôter ceux qui présentent des signes de dégradation. Ceux qui s'abîment un peu seront mangés ou mis en compote consommée le jour même.

LES FRUITS DU COMMERCE

Si vous ne pouvez vous procurer des fruits chez un ami ou un voisin possesseurs d'un verger, ou pour certains fruits introuvables sous nos climats, achetez-les au marché ou chez un fruitier.

Choisissez-les pas trop mûrs, fermes, non tachés, ni cognés ni écrasés. Goûtez avant d'acheter. Certains beaux fruits n'ont aucune saveur. Ramenez-les chez vous dans un panier et non en vrac dans un sac plastique. Lavez-les soigneusement avant utilisation, notamment les agrumes qui sont traités et qui sont à brosser sous l'eau courante. Le mieux est évidemment d'acheter des fruits non traités, mais on ne peut jamais être sûr de ce que l'on achète.

Ne tardez pas à les mettre en confiture.

LES PRÉPARATIFS

LE MATÉRIEL

Avant de se lancer dans la confection des confitures, il faut se pourvoir d'un certain matériel qui sera réservé à cet usage. Inutile cependant de se ruiner et d'acheter des ustensiles qui serviront à peine et vous encombreront si vous ne faites que quelques confitures familiales. Le mieux est évidemment la bassine de cuivre de nos grands-mères (astiquée au gros sel et au vinaigre ou au citron uniquement) si vous en avez une qui traîne au grenier, mais une bassine d'aluminium ou en émail, solide et intacte, peut parfaitement faire l'affaire, à condition qu'elle soit plus large que haute : la chaleur se répartit mieux et l'évaporation de l'eau est meilleure. À la grande bassine, qui permet de confectionner jusqu'à 5 kilogrammes de confiture, ajoutez-en une petite pour les confitures de quelques pots seulement. Une jatte ou terrine pour recueillir le jus, une cuillère en bois à long manche, une écumoire et une louche en acier inoxydable, un pot à eau gradué et un égouttoir à pied seront indispensables. Achetez également un tamis ou une toile à passer les gelées qui sera mouillée et essorée avant chaque utilisation. Le thermomètre de cuisine, qui va au moins jusqu'à 130 °C et remplace le pèse-sirop professionnel pour vérifier la cuisson du sucre, est facultatif, la méthode empirique qui consiste à vérifier le degré de cuisson en versant quelques gouttes sur une assiette froide ayant largement fait ses preuves.

LA CUISSON DU SUCRE

On conseille pour la bonne conservation des confitures d'utiliser exclusivement du sucre blanc pur cristallisé, qu'il soit de canne ou de betterave :

pas de sucre roux ni de cassonade qui contiennent des impuretés. Pas de faux sucre non plus, aspartame et autres qui perdent leur pouvoir à 100 °C et ne conservent donc pas. Quant au miel, il ne présente qu'un intérêt de curiosité puisqu'il perd en cuisant et son arôme et sa saveur et ses vitamines. Mais il peut s'avérer amusant dans quelques recettes.

LES MOTS DU SUCRE

Je donne ici, à titre indicatif et pour alléger les explications des recettes, les différents degrés de cuisson du sucre : il suffira de s'y rapporter à chaque fois.

- On dit que le sucre fait la « **nappe** » lorsqu'il est à 100° au thermomètre. Le sirop est léger. Il nappe l'écumoire. La surface ne dégage plus de vapeur. À cette température, on appelle ce mode de cuisson « **à la plume** ».

- Le « **petit lissé** » marque 102° au thermomètre. Une goutte de sirop prise entre pouce et index mouillés et écartés brusquement fait un petit fil visqueux qui se casse. Le sirop est léger.

- Le « **grand lissé** » : 103° au thermomètre. Le fil s'étend un peu avant de casser. Le sirop s'épaissit et va devenir de plus en plus épais au fur et à mesure de la cuisson.

- Le « **petit perlé** » : 105° au thermomètre. Le filet, plus large, reste d'un doigt à l'autre. On aperçoit de petites perles sur la surface de la bassine.

- Le « **grand perlé** » ou « **soufflé** » : 108° au thermomètre. Les bulles ne se décollent pas des trous de l'écumoire lorsqu'on souffle au travers.

- Le « **grand soufflé** » : 112° au thermomètre. Les bulles sont plus nombreuses, plus grosses, et s'envolent.

- Le « **petit boulé** » : 115° au thermomètre. Le sirop pris sur une cuillère froide se malaxe en boule molle.

- Le « **grand boulé** » : 121°. La boule est plus grosse et plus ferme.

- Le « **cassé** » : 125°. Une goutte de sirop dans l'eau froide durcit et casse.

LA MISE EN POTS

Bien avant la mise en confiture, il faut prévoir les pots. Les meilleurs sont les plus simples, de 450 à 500 grammes, avec couvercle à vis, ou sans couvercle, et les bocaux à couvercle et caoutchouc (pratique en cas de stérilisation). Calculez *grosso modo* le nombre de pots qu'il vous faut en regard de la quantité de confiture à faire. Le plus rapide est de les mettre au lave-vaisselle, pots et couvercles séparés… Ils en sortiront propres, secs, prêts à l'emploi.

J'ai toujours vu ma mère utiliser des pots qu'elle recouvrait ensuite de carrés tout prêts en papier cellophane acheté dans le commerce. En voici la méthode, simple, rapide et classique : elle se pratique à chaud pour les confitures et marmelades, à froid pour les gelées auxquelles on laisse le temps de prendre. Une fois les pots emplis, nettoyés des bavures collantes avec un coton d'alcool à 90°, ma mère humectait légèrement d'une petite éponge mouillée d'eau la face externe du papier cellophane et le posait sur le pot en le tendant avec les deux mains pour éviter les plis.

Puis, elle ajustait l'élastique. Je procède ainsi pour les gelées, mais pour les confitures et les marmelades, je remplis les pots de la préparation bouillante à ras bord, je nettoie les bavures collantes avec de l'alcool, je visse les couvercles et je retourne les pots afin d'en évacuer l'air. Enfin, je colle des étiquettes avec le nom du fruit.

Pour finir, rangez les pots dans un lieu frais, sec et aéré.

Stériliser les confitures permet de les conserver avec beaucoup moins de sucre. Le procédé ne convient que pour un petit nombre de pots, sans quoi il nécessite un équipement spécial. Il suffit de verser un peu d'eau dans la cocotte-minute, de déposer les pots entourés d'un chiffon afin qu'ils ne s'entrechoquent pas sur le panier, de visser le couvercle et de laisser bouillir quelques minutes après la rotation de la soupape. Déposez les pots sortis sur une planche de bois. Sur le marbre, ils risquent d'éclater.

LES ALTÉRATIONS DES CONFITURES

Elles ne sont jamais graves et n'intoxiquent personne.

La moisissure

Elle se manifeste par des taches vertes sur la surface du pot. Elle est due à l'humidité ambiante, au fait d'avoir trop tardé à mettre en pots sitôt la cuisson terminée, ou trop tardé à les couvrir. Elle s'enlève avec la cuillère, mais il faut ensuite manger rapidement la confiture. Sinon, versez dessus un peu d'alcool : cognac, whisky, eau-de-vie, et flambez avant de refermer le pot.

La fermentation

La confiture « enfle », le pot se remplit de bulles. Cela est dû au fait que la confiture n'a pas été assez cuite. Il faut la mettre à recuire comme une nouvelle confiture.

La cristallisation

La confiture candit si les fruits ne contiennent pas assez d'acide. Elle est trop cuite et possède trop de sucre. Mais elle se conserve bien et offre un petit côté craquant sous la dent pas du tout désagréable. On y remédie en retirant la croûte en surface ou en y versant un peu d'eau bouillante pour dissoudre le sucre. Sinon, il suffit de la recuire avec du jus de citron ou de groseilles.

QUELQUES CONSEILS POUR BIEN CONSERVER CONFITURES, GELÉES ET MARMELADES

- Prenez toujours une cuillère propre pour vous servir.
- N'entamez pas plus de trois pots à la fois si vous n'êtes pas sûr de les finir rapidement.
- Ne laissez pas traîner les pots ouverts.
- Placez les pots entamés au réfrigérateur.

Les différentes techniques

LES CONFITURES

On donne le nom de confitures à un mélange de fruits – légumes, fleurs, rhizomes et bulbes coupés en morceaux – et de sucre à part égale, qu'on met à cuire un temps donné pour permettre l'évaporation de l'eau et assurer la conservation. De bonnes confitures présentent une belle couleur, des morceaux entiers pris dans un jus translucide un peu gélifié, et dégagent un parfum exquis évocateur du fruit.

Les confitures embaument toute la maison, sont amusantes à faire et enchantent les enfants auxquels elles laissent de merveilleux souvenirs. Rien ne paraît plus facile, et pourtant, réussir de vraies bonnes confitures est tout un art. Il faut choisir de préférence des fruits parfaitement frais, sains, cueillis à point le jour même afin de leur conserver toutes leurs qualités, et ne pas traîner à les utiliser.

Il ne faut pas non plus voir trop grand, et procéder par quantités raisonnables : de deux à quatre kilos à la fois, pas plus ! Moins pour les confitures « insolites » : rose, pissenlit, betterave, etc.

Une fois les fruits préparés, on s'occupe de la cuisson du sucre.

Il faut savoir que, pour qu'une confiture se conserve, le sucre doit s'y trouver dans une proportion de 65 % en comptant le sucre naturel des fruits. On compte donc généralement le même poids en fruits et en sucre. Un peu moins pour les fruits très sucrés comme les prunes. Trop peu de sucre exige une plus longue cuisson ou une stérilisation des pots. Trop de sucre provoque une cuisson trop rapide.

Très souvent, dans les cuissons rapides, il faut ajouter de la pectine à la cuisson pour les fruits qui en sont naturellement pauvres, comme les poires, les pêches et quelques autres, sous la forme d'un pot de gelée de pommes maison ou d'un flacon de pectine du commerce (Jel, Vitpris) ; de la gelée de groseilles pour les cerises et les griottes (voir recettes). Ou remplacer le sucre par un sucre spécial confiture (Gelsuc, Gélisol, etc.). On garde les pépins de certains fruits placés dans une mousseline – le nouet – pour les ajouter à la cuisson. Ils apportent de la pectine favorisant la prise en gelée.

Cuire le sucre avant d'y ajouter les fruits offre l'avantage de leur conserver un maximum de vitamines et de parfum, de ne pas écraser les morceaux par une cuisson longue et brassée.

Préparez un sirop selon la quantité de fruits à cuire – 2 kilogrammes d'abricots par exemple. Mettez dans la bassine 2 kilogrammes de sucre blanc cristallisé avec un peu d'eau (on compte généralement la valeur d'un verre pour 500 grammes, mais ce peut être moins si les fruits sont très aqueux), mélangez le tout avec la cuillère en bois, et mettez à feu doux jusqu'à ce que le sucre ait parfaitement fondu. Augmentez alors la flamme, et laissez cuire jusqu'au « petit boulé » (115 °C au thermomètre) collant au doigt. Ajoutez alors les fruits, le jus de citron (éventuellement la pectine ou la gelée de pommes ou de groseilles), mélangez avec prudence et laissez remonter la température quelques minutes. L'écume doit s'être résorbée, le bouillonnement diminue, l'évaporation se réduit. Pour vous assurer que la confiture est bien « prise », versez-en une petite nappe sur une assiette froide. Elle doit être collante et figée. Si elle coule, le temps de cuisson est insuffisant, et on la remet au feu quelques minutes. Si l'on n'utilise pas de pectine, on doit de toute façon la laisser cuire plus longtemps.

Versez à la louche dans les pots préparés à l'avance (lavés à l'eau bouillante avec les couvercles et parfaitement essuyés avec un torchon propre). La plupart des pots de confitures sont fermés à chaud.

LES MARMELADES

Elles sont plus simples à faire car il n'y a pas à s'occuper de la cuisson du sucre. Pour aider l'écume à se résorber, j'ai toujours vu ma mère mettre une noix de beurre juste au moment où la confiture montait.

Les fruits, épluchés ou non, entiers ou coupés en quartiers, sont mis à macérer avec le même poids de sucre blanc cristallisé, plus un jus de citron dans une jatte afin qu'ils s'en imprègnent bien durant quelques heures, voire toute une nuit. Le sucre les conserve, prévient l'oxydation, et le citron active l'action de la pectine naturelle.

Comme dans les confitures à cuisson rapide, il faut ajouter de la pectine aux fruits qui en sont naturellement pauvres, tels les poires, les pêches et quelques autres – le citron ne suffit pas toujours –, sous la forme d'un pot de gelée de pommes maison ou d'un flacon de pectine du commerce (Jel, Vitpris) ; de gelée de groseilles pour les cerises et les griottes. Ou remplacer le sucre par un sucre spécial confiture (Gelsuc, Gélisol, etc.) qui est sain et naturel.

La bassine est mise sur feu vif et, à l'aide de la cuillère en bois, on tourne constamment la préparation jusqu'à ébullition. On compte en général 5 minutes de cuisson après ébullition. L'écume doit s'être résorbée, le bouillonnement diminue, l'évaporation se réduit. Pour s'assurer que la marmelade est bien « prise », il faut verser une petite nappe sur une assiette froide. Elle doit être collante et figée. Si elle coule, le temps de cuisson est insuffisant, et on la remet au feu quelques minutes. Si l'on n'utilise pas de pectine, on doit de toute façon la laisser cuire plus longtemps.

La plupart des pots de marmelade sont fermés à chaud.

LES GELÉES

C'est un mélange du jus extrait de la pulpe des fruits et d'un même poids de sucre, mis à cuire le temps donné pour permettre l'évaporation de l'eau et assurer sa conservation. La gelée doit être claire et transparente, un peu ferme – ne pas couler – et brillante. Son parfum doit être évocateur.

Les gelées se font donc à partir du jus des fruits sans la moindre trace de pulpe, ni de pépins ou d'écailles de certains petits fruits comme les groseilles, les raisins et les fraises qui, craquant sous la dent, ne plaisent pas à tous les gourmets. Les fruits sont mis à éclater sur feu doux dans la bassine, et tournés constamment. S'ils n'ont pas assez de jus, ajoutez-leur un peu d'eau. Lorsqu'ils sont cuits à point, déposez-les sur la mousseline tendue sur une jatte afin d'en laisser s'égoutter le jus. Les presser fait sortir de la pulpe et trouble légèrement la transparence. C'est ce jus qui sera versé dans le sirop déjà un peu épaissi – préparé avec son poids en sucre, un verre d'eau pour 500 grammes, un jus de citron (pour l'acidité) et un apport en pectine si les fruits n'en sont pas assez riches –, et mis à cuire jusqu'à évaporation totale de l'eau. Les gelées les plus faciles « à prendre » se font avec des fruits riches en acidité et en pectine, comme le cassis, le citron, le coing, la groseille, l'orange, la pomme.

La gelée est à point lorsque, à l'ébullition, succèdent de petites bulles, tandis que la vapeur ne se dégage pratiquement plus de la bassine. Le thermomètre marque alors 104 °C. Testez la prise sur une assiette froide.

Les pots de gelée sont toujours fermés à froid.

LES PÂTES DE FRUITS

Elles se confectionnent à base de pulpe de fruits, les fruits étant cuits dans très peu d'eau et réduits en pulpe (écrasés au pilon sur le tamis ou passés au moulin à légumes), ou encore avec les fruits cuits, mis à égoutter sur la mousseline après la confection des gelées, comme celles de pommes et de coings.

Versez la pulpe dans la bassine après l'avoir pesée, ajoutez son poids en sucre, et mélangez parfaitement. Mettez à cuire à feu doux en tournant constamment le mélange pour éviter la caramélisation du fond. Toute l'eau doit s'évaporer. C'est assez long. La pâte est cuite lorsqu'elle contient 74 % de matière sèche. Quand la cuillère en bois ouvre un sillon montrant le fond de la bassine, elle est à point. Le thermomètre indique 106 °C. Retirez alors la pâte du feu et versez-la sur un large plat, ou dans un moule, légèrement huilé ou tapissé d'un papier paraffiné, saupoudré de sucre cristallisé. Laissez sécher plusieurs jours à l'abri de la poussière et de l'humidité. Lorsqu'elle est encore souple, coupez-la en carrés et enrobez ces carrés de sucre cristallisé, avant de les ranger dans des caissettes ou des boîtes hermétiques tapissées de papier sulfurisé. On peut aussi verser cette pâte dans un plat à cake et, lorsqu'elle est refroidie, la découper en tranches.

LES RECETTES

Index des fruits

ABRICOT

CONFITURE D'ABRICOTS AUX AMANDES

2 kg d'abricots

2 kg de sucre

10 amandes par pot

Lavez et essuyez des abricots pas trop mûrs. Ouvrez-les en deux pour retirer le noyau.

Pesez les fruits et déposez-les dans une jatte. Cassez une trentaine de noyaux et ôtez-en les amandes que vous ébouillanterez pour en retirer la peau brune (personnellement, je préfère les vraies amandes douces qui ne rancissent pas). Réservez à part.

Pesez le sucre, et mettez-le dans la bassine avec 4 décilitres d'eau. Mélangez bien et faites cuire au petit perlé. Ajoutez les abricots au sirop, faites reprendre l'ébullition et laissez cuire à feu doux jusqu'à ce que les fruits deviennent transparents. Remuez avec précaution.

Vérifiez la cuisson à l'assiette. Lorsqu'elle est à point, ajoutez les amandes, retirez du feu après un bouillon, vérifiez à nouveau la prise à l'assiette, mettez en pots et couvrez.

MARMELADE D'ABRICOTS, AMANDES ET RAISINS SECS

2 kg d'abricots

2 kg de sucre

1 jus de citron

10 amandes par pot

10 gros raisins secs ambrés par pot mis à gonfler dans du thé fort

Lavez et essuyez des abricots bien mûrs. Ouvrez-les en deux et ôtez les noyaux. Disposez-les dans une jatte en alternant couches de fruits, couches de sucre et jus de citron.

Laissez macérer au frais 24 heures.

Le lendemain, versez le tout dans la bassine, et mettez sur le feu. Comptez 20 minutes de cuisson à partir de l'ébullition. Prenez les fruits à l'aide de l'écumoire et remplissez-en les pots aux deux tiers. Poursuivez la cuisson du jus jusqu'au grand perlé. Ajoutez-y les amandes blanchies et les raisins, et terminez le remplissage des pots en répartissant au mieux. Couvrez-les aussitôt.

GELÉE D'ABRICOTS

2 kg d'abricots

Sucre : même poids que celui du jus obtenu

1 jus de citron

Lavez et essuyez des fruits pas trop mûrs. Ouvrez-les en deux, retirez les noyaux, déposez-les au fur et à mesure dans une bassine. Recouvrez-les d'eau. Mettez à cuire à feu vif et quand l'ébullition a commencé, baissez la flamme et laissez cuire pendant 20 minutes en remuant avec précaution, jusqu'à ce que les fruits se défassent. Versez la préparation sur le tamis au-dessus d'une jatte. Pesez le jus obtenu. Ajoutez le jus de citron. Réservez.

Mettez dans la bassine à confiture le même poids de sucre avec un verre d'eau par 500 grammes. Mélangez bien à feu doux jusqu'à ce que le sucre ait fondu. Augmentez la flamme pour amener le sirop au cassé. Lorsqu'il est à point, ajoutez-y le jus des fruits. Mélangez bien, laissez reprendre l'ébullition, puis baissez le feu pour une cuisson régulière. Vérifiez la cuisson à l'assiette. Écumez lorsqu'elle est à point et mettez en pots. Couvrez à froid.

PÂTE D'ABRICOTS

2 kg d'abricots

2 kg de sucre

Lavez et essuyez des fruits bien mûrs.

Ouvrez-les en deux pour ôter le noyau. Ajoutez leur poids de sucre et laissez macérer le tout 12 heures dans une jatte en mélangeant de temps en temps.

Versez dans la bassine et mettez à cuire à feu doux en remuant constamment, jusqu'à épaississement, et surveillez la couleur.

Arrêtez la cuisson lorsqu'elle devient translucide et blonde. Laissez tiédir en mélangeant encore.

Versez dans le moule huilé et attendez que la pâte refroidisse avant de la découper en carrés que vous roulerez dans le sucre cristallisé avant de les ranger dans une boîte hermétique, bien au sec.

On peut ajouter à la pâte, au dernier moment, des amandes débarrassées de leur peau brune et hachées fin.

AIRELLE

CONFITURE D'AIRELLES

4 kg d'airelles
4 kg de sucre
1/2 l d'eau

Lavez les fruits et égouttez-les. Mettez le sucre à fondre avec l'eau dans la bassine à feu vif jusqu'à ébullition. Ajoutez les fruits et laissez cuire doucement au moins 1 heure.

Vérifiez à l'assiette.

Écumez et versez dans les pots.

Couvrez aussitôt.

Cette confiture est excellente pour accompagner le gibier.

GELÉE D'AIRELLES

4 kg d'airelles
Sucre : même poids de sucre que de jus

Lavez les fruits. Mettez-les dans la bassine et recouvrez d'eau. Laissez bouillir 10 minutes. Versez sur le tamis et pressez pour bien extraire le jus. Remettez ce jus avec son poids de sucre dans la bassine et portez à ébullition.

Laissez cuire 3/4 d'heure.

Vérifiez la cuisson à l'assiette et mettez en pots.

Couvrez à froid.

AMANDE

CONFITURE D'AMANDES AU LAIT

2 l de lait
1 kg de sucre
500 g d'amandes
1 pincée de sel

Mettez à cuire très doucement le lait avec le sucre et une pincée de sel, en remuant sans cesse tandis que le lait frémit. Il faut compter 2 heures. Remuez sans cesse jusqu'à ce que le mélange épaississe. Il prend alors une couleur caramel et une consistance de sauce béchamel.

Ajoutez alors les amandes débarrassées de leur peau brune et finement hachées.

Mettez en pots et couvrez.

ANANAS

CONFITURE D'ANANAS À LA CANNELLE

- *2 beaux ananas*
- *Sucre : la moitié du poids de la chair*
- *4 cuillerées à café de cannelle râpée*
- *1 jus de citron*

Épluchez des fruits bien mûrs, ôtez les parties fibreuses du cœur. Coupez en petits morceaux. Pesez. Réservez.

Mettez le sucre (la moitié du poids obtenu, puisque le fruit en est déjà très riche) avec l'eau (1 verre pour 500 grammes) à cuire dans la bassine jusqu'à ébullition. Ajoutez les fruits, le jus de citron et la cannelle. Laissez repartir l'ébullition et faites cuire doucement en remuant avec l'écumoire jusqu'au grand lissé.

Vérifiez la cuisson à l'assiette et mettez en pots.

Couvrez.

MARMELADE D'ANANAS AUX ÉCLATS DE CHOCOLAT

- *2 kg de chair d'ananas*
- *1 kg de sucre*
- *1 jus de citron*
- *1 cuillerée à café de cannelle râpée*
- *100 g de chocolat noir en bloc*

Épluchez les fruits, retirez-en toute partie fibreuse et hachez-les. Mettez-les à macérer toute la nuit avec le jus de citron et la cannelle.

Le lendemain, mettez la préparation à cuire doucement dans la bassine et portez à ébullition. Remuez souvent avec la cuillère en bois.

Écumez lorsque la consistance devient épaisse.

Vérifiez la cuisson à l'assiette. Retirez du feu.

Lorsque la marmelade est refroidie, ajoutez les éclats de chocolat.

Mélangez bien et remplissez les pots.

Couvrez aussitôt.

BANANE

CONFITURE DE BANANES AUX AGRUMES

- *2 kg de chair de bananes*
- *2 kg de sucre*
- *4 jus de citrons*
- *Le jus et le zeste râpé de quatre oranges bien lavées*

Épluchez les bananes, coupez-les en rondelles et mettez-les dans une jatte. Recouvrez-les du jus de 4 citrons pour les empêcher de noircir.

Versez le sucre dans la bassine avec 1/2 litre d'eau. Mélangez bien et mettez à cuire doucement jusqu'au petit lissé en tournant avec la cuillère en bois.

Ajoutez les fruits, ainsi que le jus et le zeste des oranges, et laissez cuire environ 20 minutes après la reprise de l'ébullition.

Vérifiez si le jus fige à l'assiette.

Versez dans les pots et couvrez.

MARMELADE DE BANANES AU RHUM

- *1 kg de chair de bananes bien mûres*
- *750 g de sucre*
- *1 jus de citron*
- *1 gousse de vanille*
- *2 cuillerées à soupe de bon rhum*

Écrasez les bananes à la fourchette avec le jus de citron pour éviter l'oxydation, mélangez-les avec le sucre et un verre et demi d'eau.

Ajoutez la gousse de vanille.

Mettez à cuire à feu doux en remuant constamment. La marmelade est à point lorsqu'elle épaissit et devient translucide.

Retirez du feu.

Ajoutez alors le rhum et remplissez les pots.

Couvrez.

BETTERAVE ROUGE

MARMELADE DE BETTERAVES ROUGES AU VINAIGRE BALSAMIQUE

1 kg de betteraves

Sucre : la moitié du poids de la chair

1 citron vert

1/2 verre de vinaigre balsamique

Mettez les betteraves à cuire au four jusqu'à ce qu'elles soient juste assez tendres sous le couteau mais encore bien fermes à la dent.

Pelez-les et coupez-les en petits cubes.

Pesez-les. Versez-les dans la terrine, avec le jus et le zeste râpé du citron bien lavé.

Mélangez et laissez macérer quelques heures.

Préparez le sirop avec le sucre et 1 verre d'eau dans la bassine à confiture, et laissez monter au grand boulé en tournant. Ajoutez alors le contenu de la terrine, tournez et laissez cuire à feu vif. Au dernier moment, versez dans le mélange 1/2 verre de vinaigre balsamique. Laissez cuire encore quelques minutes et vérifiez la cuisson à l'assiette.

Mettez en pots et couvrez.

Cette marmelade aigre-douce est délicieuse en accompagnement des viandes froides, charcuteries, hors-d'œuvre, œufs, poissons.

BRUGNON

CONFITURE DE BRUGNONS

4 kg de brugnons bien mûrs
4 kg de sucre
1 jus de citron

Lavez et essuyez les fruits. Ouvrez-les en deux pour ôter le noyau. Déposez dans une jatte en alternant fruits, sucre et jus de citron.

Laissez macérer une nuit.

Versez dans la bassine et portez à ébullition. Faites cuire quelque 20 minutes. Prenez les fruits avec l'écumoire et remplissez les pots aux deux tiers.

Continuez la cuisson du sucre jusqu'au petit perlé. Vérifiez sa consistance et finissez le remplissage des pots.

MARMELADE DE BRUGNONS (NECTARINES)

4 kg de brugnons bien mûrs
4 kg de sucre
1 jus de citron
1 livre d'amandes

Lavez et essuyez les fruits. Ouvrez pour retirer le noyau. Mettez dans la bassine avec le sucre et le citron. Faites cuire en remuant 45 minutes. Lorsque les fruits deviennent transparents et le sirop épais (grand lissé), ajoutez les amandes dont vous aurez ôté la peau brune à l'eau bouillante.

Mélangez avec précaution et versez dans les pots. Couvrez aussitôt.

CONFITURE DE CHOCOLAT À L'ORANGE

1 kg de chocolat noir à 70 ou 80 % de cacao
500 g de sucre
3 oranges douces à peau fine
1 jus de citron

Lavez et brossez les oranges, coupez-les en rondelles minces. Déposez les tranches dans une terrine d'eau fraîche pendant 12 heures et changez fréquemment cette eau.

Préparez une grande bassine d'eau salée et portez-la à ébullition. Lorsqu'elle bout, versez-y les fruits et laissez cuire jusqu'à ce qu'ils deviennent transparents. Sortez-les et égouttez-les. Préparez le sirop dans la bassine avec le sucre, le jus de citron, le chocolat râpé et 1 verre d'eau. Mélangez à feu doux et, après le premier bouillon, laissez cuire à feu vif jusqu'à la nappe. Jetez-y alors les rondelles. Laissez cuire en tournant fréquemment. Vérifiez la consistance à l'assiette. Versez en pots et couvrez.

Cette confiture est excellente également avec des citrons verts, ou des griottes dénoyautées.

CONFITURE DE CHOCOLAT AU GINGEMBRE CONFIT

1 kg de chocolat noir à 70 ou 80 % de cacao
500 g de sucre
300 g de gingembre confit

Râpez le chocolat et mettez-le à fondre au bain-marie. Hachez le gingembre. Dans la bassine, préparez le sirop avec le sucre et 1 verre d'eau en tournant à feu doux. Lorsqu'il est dissous, montez le feu jusqu'au petit perlé. Versez-y le chocolat fondu et les morceaux de gingembre et montez à feu vif en tournant constamment. Vérifiez à l'assiette. Versez en pots et couvrez.

MARMELADE DE CHOCOLAT AUX ÉPICES

- *1 kg de chocolat noir à 70 ou 80 % de cacao*
- *500 g de sucre*
- *5 cuillerées à café de cannelle râpée*
- *5 cuillerées à café de poudre de piment rouge doux*
- *3 cuillerées à café de poivre noir au moulin*
- *2 clous de girofle*
- *2 feuilles de sauge pulvérisées*

Râpez le chocolat et mettez-le à fondre au bain-marie. Ajoutez les épices en mélangeant bien. Faites fondre le sucre avec 1 verre d'eau dans une petite bassine et portez à feu vif jusqu'au grand perlé.

Lorsqu'il épaissit, versez-y le chocolat fondu.

Mélangez bien et laissez cuire doucement.

Vérifiez la cuisson à l'assiette et versez en pots. Couvrez.

CONFIT DE CHOCOLAT AUX AMANDES

- *1 kg de chocolat noir à 70 ou 80 % de cacao*
- *500 g de sucre*
- *250 g de beurre salé*
- *250 g d'amandes*

Râpez le chocolat et mettez-le à fondre au bain-marie. Dans la petite bassine, versez le sucre et mettez à fondre à feu doux en tournant avec 1/2 verre d'eau jusqu'à ce qu'il se transforme en caramel blond. Ajoutez alors les amandes débarrassées de leur peau brune et hachées, puis le chocolat fondu. Tournez bien et laissez cuire à feu doux.

Ajoutez le beurre en morceaux afin qu'il fonde rapidement dans le mélange. Laissez cuire doucement jusqu'à ce que la pâte se détache un peu du bord.

Vérifiez la consistance à l'assiette. Lorsqu'elle est bonne, versez dans le moule légèrement huilé et saupoudré de poudre de chocolat non sucré. Découpez à froid.

Conservez au sec.

CAROTTE

CONFITURE DE CAROTTES AUX CITRONS VERTS

2 kg de carottes épluchées

2 kg de sucre

2 citrons verts

Choisissez de jeunes légumes frais cueillis, lavez-les, épluchez-les et émincez-les en petits bâtonnets.

Mettez-les dans une marmite, tout juste recouverts d'eau froide.

Comptez 20 minutes de cuisson à partir de l'ébullition. Égouttez, pesez.

Dans la bassine, versez le même poids de sucre avec 4 verres d'eau et le zeste râpé des citrons bien lavés. Faites cuire au petit boulé. Versez les carottes dans le sirop. Ajoutez le jus des 2 citrons et laissez cuire 20 minutes après le premier bouillon. Mélangez bien et surveillez la cuisson à l'assiette.

Lorsque les carottes sont translucides et que le jus fige, il est temps de mettre en pots et de couvrir.

Cuisson de la confiture de framboises (page 52)

Mise en pots de la confiture de framboises (page 52)

Marmelade d'ananas aux éclats de chocolat (page 26)

Confiture de châtaignes à la vanille (page 39)

Gelée de citrons verts (page 42)

Confiture de figues (page 49)

Confiture de fraises (page 50)

Gelée de kiwis (page 61), groseilles (page 56), coings (page 46), poires (page 77), roses

MARMELADE DE CAROTTES AUX PIGNONS ET À L'ORANGE

2 kg de carottes épluchées
2 kg de sucre
2 oranges
1 livre de pignons

Choisissez de jeunes légumes frais, épluchez, lavez, émincez-les. Couvrez d'eau et mettez à cuire comme ci-contre (« Confiture de carottes aux citrons verts »).

Faites fondre le sucre avec 4 verres d'eau dans la bassine jusqu'au petit boulé.

Passez les carottes au moulin à légumes et versez dans le sirop bouillant avec le jus et le zeste râpé des oranges bien lavées, et les pignons.

Mélangez bien et laissez cuire doucement 30 minutes en remuant sans cesse.

Le mélange est cuit lorsqu'il devient épais et translucide. Mettez en pots et couvrez.

À ces recettes de carottes, on peut ajouter certains alcools : rhum blanc, whisky, eau-de-vie, juste avant la mise en pots.

CASSIS

CONFITURE DE CASSIS

2 kg de cassis
2 kg de sucre
1 jus de citron

Lavez et égrenez les cassis. Égouttez-les et pesez-les. Mettez 4 verres d'eau et le sucre dans la bassine et portez à feu doux jusqu'à ce que le sucre ait fondu, puis remontez la flamme jusqu'au petit boulé. Versez les baies dans le sirop avec le jus du citron, tournez et laissez cuire. Vérifiez la cuisson à l'assiette.

Mettez en pots et couvrez.

GELÉE DE CASSIS

2 kg de cassis
Sucre : même poids que celui du jus obtenu
1 jus de citron

Lavez les grappes de cassis. Mettez-les à éclater dans la bassine avec un peu d'eau à feu doux, en écrasant un peu les baies à l'aide de l'écumoire.

Lorsque le jus commence à devenir abondant, ne laissez pas bouillir. Versez la préparation dans la passoire à pied couverte de la mousseline à gelée (qui aura été mouillée et essorée) au-dessus d'une terrine et laissez s'écouler le jus en pressant légèrement sur la mousseline.

Pesez ce jus. Dans la bassine, versez le sucre et 4 verres d'eau, et laissez cuire à feu doux, puis plus vif jusqu'au petit boulé. Ajoutez alors le jus de cassis et le jus de citron. Mélangez bien et laissez reprendre l'ébullition en tournant sans cesse jusqu'à la nappe. Testez la cuisson à l'assiette. Si le jus fige, retirez et mettez en pots. Attendez le refroidissement pour couvrir.

GELÉE DE CASSIS SANS CUISSON

2 kg de jus de fruits
2 kg de sucre
1 jus de citron

Procédez avec les fruits comme pour une gelée. Préparez un sirop épais avec le sucre et 4 verres d'eau en laissant cuire au petit perlé. Versez-y le jus de cassis et le jus de citron, mélangez bien. Vérifiez la prise à l'assiette. Retirez du feu et mettez en pots. Fermez à froid.

Cette délicieuse gelée est à consommer dans les 3 mois.

PÂTE DE CASSIS

2 kg de jus de cassis
3 kg de sucre
1 jus de citron

Lavez et égrenez les grappes. Passez les baies au moulin à légumes. Mettez la purée dans la bassine avec le sucre, le jus de citron et 3 verres d'eau, et laissez cuire à feu doux en tournant de plus en plus souvent, puis sans arrêt lorsque le mélange épaissit. Lorsqu'il brunit légèrement, retirez du feu. Brassez la pâte une fois attiédie et versez-la dans les moules choisis, légèrement huilés et saupoudrés de sucre cristallisé. Laissez refroidir. Enrobez la surface de sucre cristallisé. Découpez à froid. Gardez au sec.

PÂTE DE JUS DE CASSIS

2 kg de jus de fruits
2 kg de sucre
1 jus de citron

Préparez le cassis comme pour une gelée. Versez le jus obtenu dans une grande casserole émaillée et mettez à feu doux afin de réduire le jus aux deux tiers : on le voit aux parois du récipient. En fin de cuisson, le jus doit être assez consistant. Mélangez le sucre et 2 verres d'eau dans la bassine à confiture, portez à feu doux jusqu'à la fonte totale du sucre et menez-le au cassé. Ajoutez alors le jus de cassis et le jus de citron, brassez bien et tournez constamment jusqu'à cuisson complète. La préparation épaissit. Lorsqu'elle brunit légèrement, retirez du feu, et procédez comme ci-dessus (« Pâte de cassis »).

CERISE

CONFITURE DE CERISES

2 kg de griottes dénoyautées
2 kg de sucre
1 jus de citron

Lavez, équeutez, dénoyautez les fruits et pesez-les. Mettez leur poids de sucre avec 4 verres d'eau dans la bassine, tournez jusqu'à la dissolution du sucre, et mettez à cuire à feu vif jusqu'au petit perlé. Ajoutez alors les cerises et le jus de citron. Remettez à cuire à feu vif en tournant rapidement avec une cuillère en bois jusqu'à ce que les fruits deviennent translucides. Répartissez les fruits dans les pots aux trois quarts à l'aide de l'écumoire et remettez le sirop au feu jusqu'au petit perlé. Vérifiez à l'assiette : il doit figer. Remplissez les pots du reste de sirop et fermez.

CONFITURE DE CERISES ET DE GROSEILLES

3 kg de cerises dénoyautées
1 kg de groseilles égrappées
4 kg de sucre

Jetez les groseilles égrenées avec un peu d'eau dans la bassine et laissez-les éclater à feu vif. Versez-les dans la mousseline et tordez pour en extraire tout le jus.

Pesez les cerises et le jus de groseilles. Mettez leur poids de sucre avec 4 verres d'eau dans la bassine, tournez jusqu'à la dissolution du sucre et mettez à cuire à feu vif jusqu'au petit perlé. Ajoutez alors les cerises et le jus de groseilles. Remettez à cuire à feu vif en tournant rapidement avec la cuillère en bois jusqu'à ce que les fruits deviennent translucides. Répartissez les fruits dans les pots aux trois quarts à l'aide de l'écumoire et remettez le sirop au feu jusqu'au petit perlé. Vérifiez à l'assiette : il doit figer. Remplissez les pots du reste de sirop et fermez.

MARMELADE DE CERISES D'AUGUSTINE

2 kg de griottes dénoyautées

2 kg de sucre

Quelques noyaux

Lavez et équeutez les cerises, dénoyautez sans ménagement. Jetez les fruits dans une terrine avec le sucre en couches alternées et quelques noyaux pour le goût, et laissez reposer la nuit.

Versez le tout dans la bassine. Laissez cuire à feu vif jusqu'au bouillonnement, puis à feu doux, en tournant constamment et longtemps.

Les fruits deviennent translucides, puis le sucre épaissit et caramélise légèrement.

Retirez du feu et mettez en pots.

Le goût de cette marmelade un peu collante et caramélisée est absolument exquis sur les tartines beurrées.

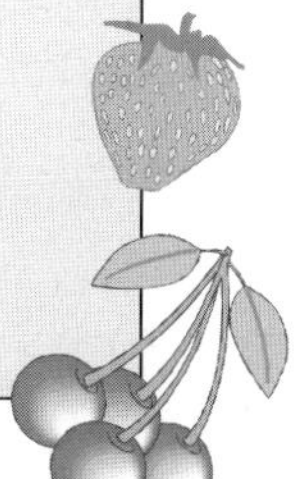

MARMELADE DE CERISES NOIRES AU VIN ROUGE

2 kg de cerises noires bien mûres et juteuses
1 kg de sucre
1 bouteille de bon vin rouge
2 pincées de gingembre râpé

Équeutez et dénoyautez les fruits. Mettez-les dans une terrine avec le vin, le sucre et le gingembre. Laissez macérer toute une nuit.

Versez le tout dans la bassine et portez à feu doux en tournant constamment jusqu'à ce que la marmelade épaississe.

Vérifiez la prise à l'assiette et versez en pots.

Couvrez aussitôt.

PÂTE DE CERISES

1 kg de pulpe de cerises
1 kg de sucre

Équeutez et dénoyautez les cerises, acidulées de préférence. Mettez-les dans la bassine sur le feu à craquer avec très peu d'eau pendant quelques minutes. Passez le tout au moulin à légumes. Pesez.

Ajoutez le poids en sucre et remettez sur le feu en tournant pendant la cuisson. Le mélange doit épaissir et se détacher du fond de la bassine.

Versez sur le plat ou dans le moule huilé et saupoudré de sucre cristallisé.

Laissez sécher plusieurs jours avant de couper et de mettre en boîte au sec.

CHÂTAIGNE

CONFITURE DE CHÂTAIGNES À LA VANILLE

3 kg de châtaignes épluchées
2,5 kg de sucre
1 gousse de vanille

Décortiquez les châtaignes. Faites-les cuire à l'eau bouillante salée une dizaine de minutes pour retirer la deuxième peau. Peu importe si les fruits se défont.

Préparez le sirop dans la bassine avec le sucre, la vanille et 1 litre d'eau. Laissez prendre un bouillon. Ajoutez les fruits et mettez à feu doux en remuant. Lorsque les fruits deviennent translucides et le sirop doré, la confiture est à point. Vérifiez à l'assiette. Retirez la vanille. Mettez en pots et couvrez.

PÂTE DE CHÂTAIGNES

1 kg de châtaignes décortiquées de leurs deux peaux
1 kg de sucre

Faites cuire les châtaignes comme dans la recette précédente, mais retirez-en quelques-unes avant cuisson complète. Passez les châtaignes cuites au moulin à légumes. Hachez en petits morceaux celles qui sont peu cuites.

Préparez le sirop avec 2 verres d'eau et le sucre qui doit monter au grand perlé. Ajoutez alors la pulpe des fruits et les petits morceaux et laissez cuire en tournant constamment et rapidement jusqu'à ce que la pâte dorée se détache du fond de la bassine. Versez dans le moule huilé et saupoudré de sucre cristallisé. Attendez qu'elle refroidisse pour la découper.

CHOU ROUGE

GELÉE DE CHOU ROUGE

500 g de chou rouge

4 pots de 500 g de gelée de pommes

Sucre : même poids que celui du jus

Coupez le chou pour obtenir 500 grammes. Jetez-le dans 800 décilitres d'eau bouillante un peu salée, et laissez cuire à feu doux pendant 5 minutes. Égouttez le chou sur la mousseline à passer les gelées, et pesez le jus obtenu.

Versez dans la bassine l'équivalent en sucre du poids obtenu, le jus de chou et la gelée de pommes. Mélangez bien et portez à feu très doux jusqu'à la fonte du sucre, puis montez la flamme jusqu'à ébullition. Baissez le feu pour une cuisson régulière.

Vérifiez à l'assiette. Dès que la gelée est prise, écumez et mettez en pots. Couvrez à froid.

Cette gelée particulière est excellente avec les viandes blanches froides.

CITRON

CONFITURE DE CITRONS

1 kg de citrons
750 g de sucre

Lavez bien les citrons à la brosse, essuyez-les et coupez-les tels quels en très fines rondelles. Ou encore râpez les zestes et pelez à vif les citrons en retirant la peau blanche avant de les couper en rondelles. Gardez les pépins que vous envelopperez dans une mousseline (le nouet). Versez les rondelles dans une jatte avec de l'eau fraîche que vous changerez plusieurs fois.

Mettez à cuire les rondelles pendant 15 minutes dans de l'eau légèrement salée. Égouttez. Pesez. Mettez dans la bassine leur poids en sucre avec 2 verres d'eau et montez la flamme jusqu'à la nappe. Ajoutez les rondelles de citron, les zestes râpés et le nouet. Laissez cuire doucement. Vérifiez à l'assiette. Ôtez le nouet et mettez en pots.

MARMELADE DE CITRONS

1 kg de citrons
750 g de sucre

Lavez soigneusement les fruits et mettez-les à tremper dans l'eau durant 3 jours en changeant plusieurs fois l'eau. Coupez-les en deux et pressez-les. Rassemblez les pépins dans le nouet. Hachez finement la pulpe et le zeste, et mettez à macérer dans le jus, avec 1 verre d'eau, le nouet et le sucre dans une terrine. Mélangez bien et laissez reposer 24 heures. Versez le tout dans la bassine à confiture et laissez cuire 30 minutes en remuant. Retirez du feu, remettez dans la terrine et laissez macérer une journée. Remettez au feu et portez à ébullition. Laissez cuire en tournant 30 minutes. Vérifiez à l'assiette. Ôtez le nouet, écumez et versez en pots.

MARMELADE ANGLAISE DE CITRONS AU BEURRE

Quantité pour un pot de 500 g

Quelques citrons bien juteux
250 g de sucre
2 œufs
50 g de beurre

Lavez les citrons, râpez les zestes et pressez le jus pour en obtenir au moins 250 grammes. Battez les œufs avec le sucre, le jus et les zestes de citron. Ajoutez le beurre en crème.

Versez le tout dans une petite bassine et mettez à cuire à feu très doux en tournant sans cesse jusqu'à épaississement.

Passez alors au tamis avant de mettre en pots. Couvrez.

GELÉE DE CITRONS VERTS

2 kg de petits citrons verts et parfumés
2 kg de sucre

Lavez bien les citrons à la brosse et coupez-les en fines tranches sans enlever le zeste ni les pépins. Recouvrez-les à ras d'eau bouillante et laissez macérer 24 heures.

Mettez le tout dans la bassine et portez à ébullition 15 minutes. Versez sur la mousseline à gelée et recueillez le jus dans une jatte en pressant légèrement.

Pesez le jus et remettez-le dans la bassine avec son poids en sucre. Laissez cuire jusqu'à la nappe.

Vérifiez à l'assiette. Mettez en pots. Couvrez à froid.

CLÉMENTINE

CONFITURE DE CLÉMENTINES À LA CITRONNELLE

1 kg de petites clémentines fermes et épluchées

1 kg de sucre

2 branches de citronnelle

Pelez les fruits, ouvrez-les en quartiers, puis pesez-les.

Préparez dans la bassine le sirop avec leur quantité en sucre, 1 verre d'eau pour 500 grammes et la citronnelle. À feu doux d'abord, puis à feu vif lorsque le sucre est fondu, pour le monter au petit perlé. Ajoutez alors les quartiers avec délicatesse et laissez cuire à feu doux en tournant de temps en temps.

Lorsque les fruits sont devenus transparents et le sirop ambré, vérifiez à l'assiette. Retirez alors la citronnelle et versez en pots. Couvrez.

MARMELADE DE QUARTIERS DE CLÉMENTINES CARAMÉLISÉS

1 kg de petites clémentines

Sucre : le poids des fruits préparés

1 cuillerée à café de cannelle râpée

Pelez et ouvrez les fruits en quartiers.

Préparez un sirop très épais avec du sucre et très peu d'eau jusqu'à ce qu'il caramélise.

Passez-y les quartiers de fruits afin de les enrober complètement. Retirez-les avec l'écumoire et laissez-les durcir sur un papier sulfurisé.

Allongez le sirop avec un peu d'eau, remettez à cuire jusqu'au grand boulé. Ajoutez-y alors la cannelle. Mélangez bien. Retirez du feu.

Laissez refroidir.

Répartissez les quartiers de clémentines dans les pots et remplissez avec le sirop froid.

Fermez aussitôt.

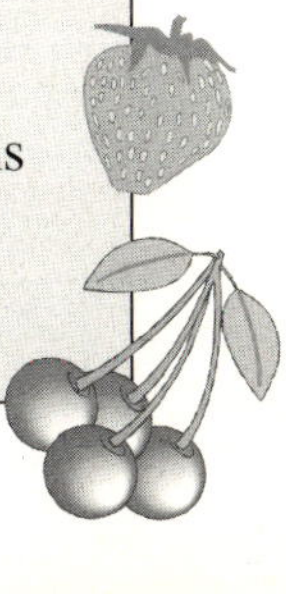

COCO (NOIX DE)

MARMELADE DE COCO TRADITIONNELLE

500 g de noix de coco râpée
500 g de sucre
100 g de beurre
1 zeste de citron
1 verre de lait de noix de coco
1 gousse de vanille
1 petit verre de rhum

Achetez une ou deux noix de coco en les secouant pour être sûr qu'elles contiennent encore du « lait ». Percez les yeux tendres, videz le lait dans un verre. Cassez les noix et râpez la pulpe pour 500 grammes. Mettez à cuire dans une petite bassine le « lait », la pulpe râpée, le sucre, le zeste de citron râpé et la vanille. Tournez bien et laissez cuire doucement. Lorsque le mélange épaissit en pâte, ajoutez le beurre et retirez du feu. Versez le rhum et mélangez. Mettez en pots et couvrez.

COING

CONFITURE DE COINGS

2,5 kg de coings préparés
3,5 kg de sucre
1 jus de citron

Choisissez des fruits bien mûrs, essuyez-les dans un torchon et pelez-les. Coupez-les en petits morceaux et gardez-les dans de l'eau froide une journée. Puis retirez-les, pesez-les et mettez-les avec leur poids en sucre dans la bassine à confiture. Recouvrez d'eau et portez à ébullition. Ajoutez le jus de citron. Laissez cuire en tournant jusqu'à ce que les fruits deviennent transparents. Vérifiez le jus à l'assiette et versez en pots. Couvrez.

CONFITURE DE COINGS AU MIEL ET POIVRE

1 kg de chair de coings
1 kg de miel
1 cuillerée à café de poivre

Coupez en tranches fines les coings préparés, pesez-les. Mettez dans la bassine 1 verre d'eau et leur poids en miel, et mélangez bien.

Mettez à cuire à feu doux jusqu'à la nappe, puis ajoutez les fruits en mélangeant avec précaution et laissez cuire en remuant souvent.

Ajoutez le poivre, tournez.

Vérifiez la cuisson à l'assiette et mettez en pots. Couvrez à froid.

MARMELADE DE COINGS AUX CERNEAUX DE NOIX FRAÎCHES

1 kg de chair de coings
500 g de noix fraîches
750 g de sucre
1 jus de citron

Écalez les noix et ôtez la peau brune des fruits comme vous pourrez… Peu importe que les cerneaux se brisent.

Essuyez les coings bien mûrs pour enlever le duvet, puis coupez-les en quartiers sans les éplucher. Mettez-les dans la bassine à confiture et recouvrez d'eau froide à ras des fruits.

Laissez cuire 30 minutes à feu doux. Retirez avec l'écumoire et laissez refroidir. Pelez les fruits et retirez le cœur. Vous envelopperez les épluchures dans un nouet. Remettez dans la bassine le jus et les fruits avec le sucre, le nouet et le jus de citron.

Faites cuire environ 45 minutes à feu doux, retirez le nouet, vérifiez à l'assiette, ajoutez les cerneaux et versez en répartissant dans les pots.

Couvrez.

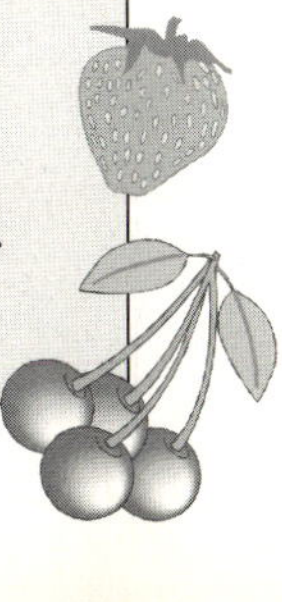

GELÉE DE COINGS

3 kg de coings

Sucre : même poids que celui du jus obtenu

1 jus de citron

Frottez, pelez les coings et coupez-les en deux. Mettez dans un nouet les peaux, les cœurs et les pépins. Déposez la chair des fruits à rafraîchir dans une jatte d'eau froide avec le jus de citron. Puis mettez-les dans la bassine à confiture avec le nouet et recouvrez à ras d'eau froide. Laissez bouillir jusqu'à ce que les morceaux deviennent tendres. Posez les fruits sur la mousseline à gelée et laissez égoutter.

Pesez le jus de la terrine, ajoutez son poids en sucre, puis tournez pour le faire fondre à froid.

Versez le tout dans la bassine et mettez à feu vif en tournant.

Vérifiez la cuisson à l'assiette. Quand le jus fige, elle est à point. Écumez. Versez dans les pots. Attendez le refroidissement pour fermer.

PÂTE DE COINGS

Fruits restant de la gelée de coings

Même poids de sucre

C'est le moment d'utiliser les pulpes restant de la recette précédente (« Gelée de coings »).

Pesez tout ce qui reste et passez au moulin à légumes. Mettez dans la bassine avec son poids en sucre. Faites cuire en tournant constamment. La marmelade épaissit en pâte. Lorsqu'elle a pris une belle coloration rosée, qu'elle se détache du fond, elle est prête.

Versez dans les moules légèrement huilés et saupoudrés de sucre cristallisé.

Découpez à froid et rangez dans des boîtes hermétiques.

CYNORRHODON

(Baies de l'églantier ou du rosier)

MARMELADE DE CYNORRHODONS AU RIESLING

1 kg de baies préparées
1 kg de sucre
50 cl de riesling
1 jus de citron

Cueillez les baies bien rouges et mûres après la Toussaint, ôtez les queues et les capsules noires, lavez-les et ouvrez-les. Mettez-les dans une jatte, recouvrez de riesling et laissez reposer au frais une semaine en remuant de temps en temps. Puis versez le tout dans unc bassine et laissez cuire 1 heure. Passez au moulin à légumes. Pesez la purée obtenue et mettez à cuire à feu très doux dans une petite bassine avec le poids en sucre et le jus de citron. Faites cuire environ 20 minutes, vérifiez à l'assiette.

Versez dans les pots, puis couvrez.

MARMELADE DE CYNORRHODONS AU SAFRAN

1 kg de baies préparées
1 kg de sucre
Quelques filaments de safran
1 jus de citron vert

Préparez les baies comme dans la recette précédente (« Marmelade de cynorrhodons au riesling ») et mettez-les à macérer une semaine avec 2 verres d'eau et le jus de citron. Mélangez de temps en temps.

Mettez à cuire 1 heure à feu doux dans la bassine. Passez au moulin à légumes. Pesez la purée. Remettez-la dans la bassine avec le sucre et le safran. Faites cuire environ 20 minutes à feu très doux.

Vérifiez la prise à l'assiette et versez en pots. Couvrez.

DATTE

CONFITURE DE DATTES AU CITRON VERT

1 kg de dattes « deglet nour » bien mûres et fondantes

500 g de sucre

1 petit verre de rhum

1 citron vert

Ouvrez les dattes pour en retirer le noyau et découpez-les en rondelles. Mettez 2 verres d'eau et le sucre à feu doux dans la bassine à confiture, puis augmentez le feu jusqu'à la nappe.

Versez les dattes dans le sirop avec le jus et le zeste râpé du citron vert.

Tournez constamment jusqu'à ce que la confiture prenne.

Vérifiez à l'assiette. Ajoutez le rhum, mélangez et versez dans les pots. Couvrez.

FIGUE

CONFITURE DE FIGUES

- *2 kg de figues bien mûres*
- *2 kg de sucre*
- *1 jus de citron*
- *1 cuillerée à café de cannelle*
- *2 clous de girofle*

Ôtez les queues des figues et coupez les fruits en quatre. Versez le sucre avec 2 verres d'eau dans la bassine, et mettez à cuire en tournant jusqu'à la nappe. Jetez alors les fruits dans la bassine avec la cannelle, les clous de girofle et le jus de citron, et laissez cuire à feu doux longuement en tournant, jusqu'à ce que les fruits deviennent transparents et que le sirop épaississe (au petit lissé). Vérifiez la consistance à l'assiette.

Versez en pots et couvrez.

MARMELADE DE FIGUES AUX NOIX

- *2 kg de figues*
- *2 kg de sucre*
- *1/2 livre de cerneaux de noix hachés*
- *1 jus de citron*
- *1 cuillerée à café de cannelle*
- *2 clous de girofle*

Équeutez, épluchez et ouvrez les figues en quatre. Préparez un sirop à froid avec le sucre et 2 verres d'eau. Mélangez bien et versez sur les fruits dans une jatte. Laissez reposer jusqu'au lendemain. Puis versez le tout dans la bassine à confiture, et tournez pour bien mélanger le sucre. Mettez à cuire à feu doux, puis plus vif. Ajoutez le jus de citron, les cerneaux hachés, la cannelle et les clous de girofle. Laissez cuire à feu doux, puis plus vif en tournant doucement. Quand les fruits deviennent transparents et le sirop épais (vérifiez à l'assiette), la marmelade est prête. Versez dans les pots en répartissant équitablement. Couvrez aussitôt.

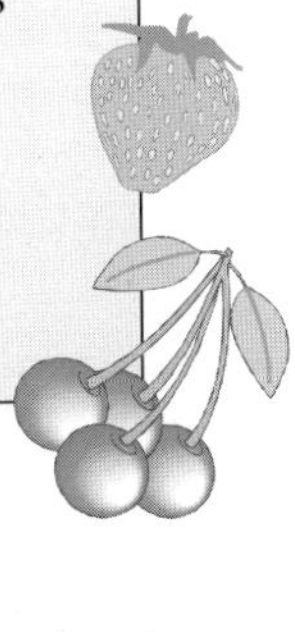

FRAISE

CONFITURE DE FRAISES

2 kg de fraises pas trop grosses
2 kg de sucre
1 jus de citron ou 4 cuillerées à soupe de gelée de groseilles
1 gousse de vanille

Lavez rapidement les fruits avant de les équeuter. Préparez un sirop avec le sucre et 2 verres d'eau. Jetez-y la vanille. Laissez cuire au petit boulé.

Ajoutez alors les fruits, le jus de citron ou la gelée de groseilles en tournant avec précaution. Laissez reprendre l'ébullition et baissez le feu. Tournez de temps en temps. Lorsque les fruits sont un peu transparents, retirez-les à l'aide de l'écumoire et répartissez dans les pots aux deux tiers. Poursuivez la cuisson du sirop. Vérifiez à l'assiette et complétez le remplissage des pots.

Couvrez à froid.

CONFITURE DE FRAISES ET FRAMBOISES

2 kg de fraises
1 kg de framboises
3 kg de sucre
1 jus de citron

Lavez les fraises. Équeutez les fraises et les framboises. Préparez le sirop comme ci-dessus (« Confiture de fraises ») jusqu'au petit boulé. Ajoutez les fruits et le jus de citron et laissez cuire à feu doux en tournant avec précaution. Lorsque les fruits sont transparents et que le sirop fige sur l'assiette, retirez du feu et versez dans les pots. Couvrez à froid.

CONFITURE DE FRAISES À LA GELÉE DE GROSEILLES

2 kg de fraises équeutées
1 kg de sucre
2 pots de gelée de groseilles

Lavez et équeutez les fruits.

Mettez en sirop le sucre avec 2 verres d'eau. Ajoutez les pots de gelée et mettez à cuire à feu très doux en remuant constamment avec la cuillère en bois.

Lorsque le sirop a pris quelques bouillons, ajoutez les fraises. Laissez cuire quelques minutes, puis retirez les fraises et répartissez-les dans les pots à la moitié ou aux deux tiers.

Remettez le sirop au feu jusqu'au petit perlé et continuez le remplissage des pots.

Couvrez à froid.

MARMELADE DE FRAISES

2 kg de fraises épluchées
2 kg de sucre
1 jus de citron

Lavez et équeutez les fraises. Passez au moulin à légumes. Pesez la pulpe obtenue et prenez son même poids en sucre. Mettez le sucre et 1 verre d'eau pour 500 grammes dans la bassine et portez à feu doux en mélangeant jusqu'à la fonte du sucre.

Montez le feu pour amener le sirop à la plume. Versez alors la pulpe de fraises dans le sirop, laissez reprendre l'ébullition.

Vérifiez la cuisson à l'assiette.

Versez en pots. Couvrez à froid.

FRAMBOISE

CONFITURE DE FRAMBOISES

2 kg de framboises
1,700 kg de sucre
1 gousse de vanille

Équeutez les framboises. Préparez dans la bassine un sirop épais avec le sucre, la vanille et 3 verres d'eau et amenez-le au petit boulé.

Jetez-y alors les fruits et mélangez sans écraser. Laissez reprendre l'ébullition et faites cuire quelques minutes.

Vérifiez à l'assiette. Retirez la vanille.

Mettez en pots et couvrez.

MARMELADE DE FRAMBOISES

2 kg de framboises
1,700 kg de sucre
1 jus de citron

Équeutez les fruits. Mettez-les dans une terrine avec le sucre et le jus de citron. Laissez s'imprégner quelques heures.

Versez-les dans la bassine et portez à feu vif jusqu'à ébullition, puis à feu doux en tournant. Laissez cuire quelques minutes.

Vérifiez la prise à l'assiette.

Versez dans les pots. Couvrez à froid.

GELÉE DE FRAMBOISES

2 kg de framboises
Sucre cristallisé : même poids que le jus
1 jus de citron

Équeutez les fruits. Écrasez-les 500 grammes par 500 grammes sur la mousseline à gelée et tordez-la pour en extraire le maximum de jus. Pesez-le.

Préparez dans la bassine le sirop avec le sucre et 1 verre d'eau pour 500 grammes et laissez cuire à feu vif en tournant jusqu'au cassé.

Ajoutez alors le jus de framboises et le jus de citron. Mélangez. Laissez cuire quelques minutes en vérifiant la prise à l'assiette.

Mettez en pots et couvrez à froid.

GELÉE DE FRAMBOISES À FROID

2 kg de framboises
Sucre semoule : une fois et demie le poids du jus

Équeutez les fruits. Écrasez-les 500 grammes par 500 grammes sur la mousseline à gelée au-dessus de la terrine et tordez-la pour recueillir le maximum de jus.

Pesez le jus. Ajoutez-lui une fois et demie son poids en sucre, en pluie, tasse après tasse, tout en tournant le jus jusqu'à ce qu'il épaississe.

Versez dans les pots. Exposez-les au soleil et dans un endroit sec deux ou trois après-midis de suite. Fermez les pots.

PÂTE DE FRAMBOISES

2 kg de framboises
2 kg de sucre

Écrasez les fruits à la fourchette ou passez-les au moulin à légumes. Réservez au frais.

Versez dans la bassine le sucre et 4 verres d'eau. Laissez cuire à feu vif pour l'amener au cassé. Ajoutez-y alors la pulpe de framboise, baissez la flamme et laissez cuire en tournant jusqu'à la consistance voulue. La pâte se détache du bord de la bassine. Versez dans les moules ou le plat légèrement huilés, saupoudrés de sucre cristallisé. Découpez à froid et rangez au sec.

FRUIT DE LA PASSION

MARMELADE AUX FRUITS DE LA PASSION

1 kg de pulpe de fruits de la passion

1 kg de sucre

1 jus de citron

Ouvrez les fruits et retirez la pulpe. Pesez-la. Versez-la dans la petite bassine avec le sucre et le jus de citron. Laissez cuire à feu doux après l'ébullition en tournant fréquemment. Vérifiez la cuisson à l'assiette et mettez en pots.

GENIÈVRE

GELÉE DE BAIES DE GENIÈVRE

1/2 l de jus de baies de genièvre très mûres

700 g de sucre

Déposez les fruits fraîchement cueillis et bien mûrs dans la bassine et recouvrez d'eau à ras. Laissez bouillonner 1 heure à feu doux. Écrasez les baies cuites au pilon dans la bassine et versez le tout sur la mousseline à gelée. Pressez pour recueillir un maximum de jus. Pesez ce jus pour en obtenir 1/2 litre. Versez-le dans la bassine avec le sucre et laissez cuire jusqu'à obtention d'un sirop épais. Vérifiez la prise à l'assiette. Versez en pots et couvrez à froid.

GINGEMBRE

MARMELADE DE GINGEMBRE

1 kg de rhizomes de gingembre
1 kg de sucre
1 jus de citron
1 cuillerée à café de cannelle râpée

Achetez des rhizomes bien charnus et fermes. Pelez-les et coupez-les en fines rondelles ou râpez-les. Pesez leur poids en sucre. Préparez le sirop avec le sucre et 1 verre d'eau pour 500 grammes. Laissez doucement fondre le sucre et montez le feu pour amener le sirop au cassé. Jetez-y le gingembre, la cannelle et le jus de citron.

Laissez cuire jusqu'à la prise en gelée.

Vérifiez à l'assiette. Versez en pots et couvrez.

GOYAVE

MARMELADE DE GOYAVES TRADITIONNELLE

1 kg de goyaves
Sucre : même poids que de jus
1 citron vert
1 gousse de vanille

Mettez à cuire les fruits avec de l'eau à mi-hauteur. Comptez environ 20 minutes. Passez les fruits au moulin à légumes sans les éplucher. Pesez la purée obtenue. Versez-la dans la bassine en ajoutant le poids en sucre, la gousse et le jus de citron. Laissez cuire à feu doux en tournant constamment jusqu'à ce que la marmelade se détache des bords de la cuillère sans couler.

Mettez en pots et couvrez.

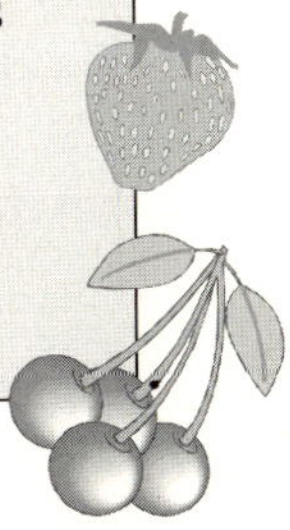

GROSEILLE

CONFITURE DE GROSEILLES

2 kg de belles groseilles bien rouges

3 kg de sucre

Égrenez les grappes. Si vous n'aimez pas les pépins, retirez-les des fruits à la plume d'oie du côté de la queue. Préparez le sirop dans la bassine avec le sucre, 1 verre d'eau pour 500 grammes jusqu'à consistance épaisse, au grand soufflé.

Ajoutez alors les groseilles et laissez prendre un bouillon. Pas plus.

Mettez en pots. Couvrez à froid.

GELÉE DE GROSEILLES

2 kg de groseilles

Sucre : une fois et demie le poids du jus

Mettez les grappes à crever dans la bassine à feu vif avec 2 verres d'eau. Versez sur la mousseline à gelée et pesez le jus obtenu. Préparez le sirop avec une fois et demie son poids en sucre et 1 verre d'eau par kilo de jus, en mettant à cuire au grand soufflé. Versez alors le jus dans le sirop et laissez prendre un bouillon. Cette gelée prend vite. Vérifiez à l'assiette. Mettez en pots. Couvrez à froid.

En dehors du fait qu'elle est délicieuse, cette gelée vous sera fort utile pour la confection de diverses préparations difficiles à prendre (voir « Les confitures », p. 15).

GELÉE DE GROSEILLES À FROID

2 kg de groseilles

Sucre semoule : deux fois le poids du jus

Déposez les groseilles sur la mousseline dans une jatte, écrasez-les au pilon et tordez la mousseline pour en extraire le jus. Procédez en plusieurs fois. Pesez le jus obtenu et versez-le dans une terrine. Versez ensuite deux fois son poids en sucre en pluie fine, tout en tournant vivement le jus jusqu'à ce qu'il épaississe.

Mettez en pots et laissez-les exposés plusieurs jours dans un endroit sec au soleil.

Fermez ensuite les pots.

À consommer dans les trois mois.

PÂTE DE GROSEILLES

2 kg de groseilles

Sucre : même poids que celui du jus obtenu

Jetez les grappes dans la bassine avec très peu d'eau, et laissez éclater à feu doux en les écrasant avec le dos de l'écumoire.

Laissez donner quelques bouillons. Versez le tout sur la mousseline à gelée et laissez égoutter en pressant un peu pour obtenir un maximum de jus. Pesez-le et prenez son poids en sucre. Mettez alors ce jus à réduire aux deux tiers dans une casserole sur un feu assez vif. Le niveau de la réduction se voit sur les parois du récipient.

Préparez le sirop dans la bassine à confiture avec le sucre pesé et 1 verre d'eau pour 500 grammes, et laissez fondre doucement en tournant, puis montez-le jusqu'à la plume. Ajoutez alors le jus et mélangez bien en tournant à feu vif puis plus doux jusqu'à épaississement. Vérifiez la cuisson. Retirez du feu et versez dans les moules ou le plat, huilés et saupoudrés de sucre cristallisé.

Découpez à froid.

Cette pâte de groseilles se fait plus simplement avec les fruits entiers écrasés ou passés au moulin à légumes si vous redoutez les pépins.

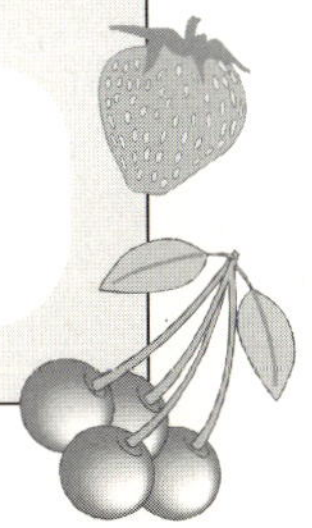

CONFITURE DE GROSEILLES, FRAMBOISES, FRAISES ET CERISES

1 kg de chacun des fruits préparés

Sucre : poids égal à celui du total des fruits préparés

4 jus de citrons

Une fois les fruits préparés, pesez-les et déposez-les chacun dans une jatte différente, recouverts du jus de citron. Mettez le sucre dans la bassine avec 1 verre d'eau pour 500 grammes. Mélangez bien en tournant à feu doux. Lorsque le sucre est fondu, montez le sirop au grand soufflé. Versez alors les fruits dans la bassine en commençant par les cerises. Laissez reprendre l'ébullition et laissez cuire 15 minutes. Ajoutez les fraises. Laissez reprendre l'ébullition et laissez cuire 15 minutes. Ajoutez les groseilles. Faites reprendre l'ébullition et laissez cuire 5 minutes. Ajoutez enfin les framboises et laissez cuire encore 10 minutes. Tournez doucement. Vérifiez la cuisson à l'assiette.

Versez dans les pots et couvrez.

GROSEILLE À MAQUEREAU

CONFITURE DE GROSEILLES À MAQUEREAU

2 kg de groseilles à maquereau

1,250 kg de sucre

1 jus de citron

Frottez les fruits dans un torchon s'ils sont velus, équeutez-les. Ouvrez-les en deux, jetez-les dans la bassine et couvrez-les d'eau. Laissez bouillir jusqu'au ramollissement des peaux qui deviennent translucides. Ajoutez le sucre. Portez à ébullition. Ajoutez le jus de citron et laissez cuire à feu doux en tournant jusqu'à la prise. Vérifiez à l'assiette. Mettez en pots. Couvrez à froid.

GELÉE DE GROSEILLES À MAQUEREAU

- *2 kg de groseilles à maquereau*
- *1,250 kg de sucre par kilo de jus*
- *1 jus de citron*
- *1 gousse de vanille*

Écrasez les fruits au pilon ou au presse-purée et mettez le tout à bouillir 5 minutes dans la bassine. Retirez du feu, déposez sur la mousseline et tordez-la pour obtenir un maximum de jus. Pesez le jus et, en fonction de ce poids, préparez la quantité de sucre nécessaire. Versez le sucre dans la bassine avec 1 verre d'eau pour 500 grammes et mélangez bien à feu doux. Remontez le feu et laissez cuire jusqu'au petit perlé. Ajoutez alors le jus de groseilles, la vanille et le jus de citron en tournant bien. Vérifiez à l'assiette. Cette gelée prend vite. Ôtez la gousse et versez en pots. Couvrez à froid.

HARICOT ROUGE

MARMELADE À L'ANCIENNE DE HARICOTS ROUGES AU MIEL

- *1 kg de haricots rouges écossés*
- *800 g de miel*
- *1 cuillerée à café de cannelle*
- *1 pincée de sel*

Mettez les haricots écossés dans la bassine, ajoutez une pincée de sel et couvrez-les d'eau. Portez à ébullition. Laissez cuire à feu doux jusqu'à ce que les haricots commencent à fondre. Écrasez alors les haricots au presse-purée dans une jatte. Prenez le poids nécessaire et réservez. Mettez le miel dans la bassine avec 1 verre d'eau. Mélangez bien. Faites fondre à feu doux et amenez le sirop à la nappe. Ajoutez alors la purée de haricots et la cannelle, mélangez constamment jusqu'à ce que la marmelade devienne un peu transparente. Vérifiez à l'assiette et versez en pots.

Couvrez à froid.

Cette marmelade a un excellent goût de châtaigne.

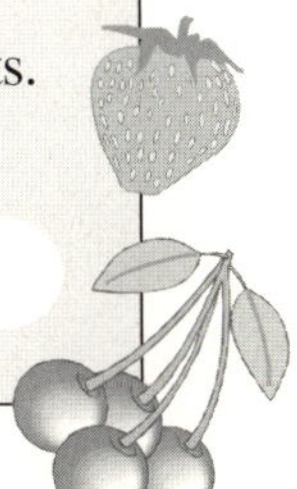

KAKI

CONFITURE DE KAKIS

2 kg de kakis
1 kg de sucre
1 jus de citron

Ôtez la peau des kakis. Préparez un sirop épais avec le sucre et 2 verres d'eau à feu vif en tournant, et montez-le jusqu'au petit boulé. Jetez-y alors les fruits avec le jus de citron. Laissez cuire à feu doux. Vérifiez à l'assiette et versez dans les pots.

Couvrez à froid.

MARMELADE DE KAKIS

2 kg de kakis
1 kg de sucre
1 jus de citron

Épluchez les fruits et mettez-les dans une terrine avec le sucre et le jus de citron en alternant les couches. Laissez reposer une nuit. Mettez à cuire dans la bassine.

Portez à ébullition, puis laissez mijoter à feu doux en tournant.

Surveillez la cuisson à l'assiette.

Mettez en pots. Couvrez à froid.

KIWI

GELÉE DE KIWIS

2 kg de kiwis
Sucre : même poids que celui du jus obtenu
1 jus de citron vert

Retirez à la cuillère la pulpe des kiwis. Passez au tamis ou pressez dans la mousseline pour extraire un maximum de jus. Pesez-le. Préparez le sirop avec le même poids en sucre. Lorsqu'il atteint le petit boulé, ajoutez-y le jus de kiwi et de citron. Mélangez bien et laissez cuire jusqu'à la nappe.

Vérifiez à l'assiette et versez en pots.

Couvrez à froid.

On peut ajouter à la gelée, au moment de la cuisson, la peau du citron vert, bien lavée et râpée finement.

KUMQUAT

CONFITURE DE KUMQUATS

2 kg de kumquats
2 kg de sucre

Lavez bien les fruits et jetez-les dans une bassine d'eau bouillante. Laissez-les quelques minutes, puis égouttez-les. Lorsqu'ils sont refroidis, piquez-les partout de la pointe d'une aiguille. Préparez le sirop avec le sucre et 4 verres d'eau. Mélangez bien et amenez au petit boulé. Versez-y alors les fruits, redonnez un bouillon, laissez cuire doucement.

Vérifiez à l'assiette.

Mettez en pots et couvrez.

LAIT

CONFITURE DE LAIT TRADITIONNELLE

1 l de lait
500 g de sucre
1 gousse de vanille

Mettez le lait dans une grande casserole émaillée avec sucre et vanille et portez à feu doux – le liquide doit seulement frémir. Tournez constamment jusqu'à la consistance d'une béchamel et la couleur caramel. Lorsque c'est cuit, retirez la gousse, mettez en pots et couvrez.

On peut ajouter à la confiture de l'extrait de café, de chocolat, des amandes, noix ou noisettes hachées.

MANDARINE

CONFITURE DE MANDARINES

2 kg de mandarines bien mûres
2 kg de sucre

Lavez et brossez les mandarines. Coupez-les en fines tranches. S'il y a des pépins, mettez-les dans un nouet.

Préparez le sirop avec le sucre et 4 verres d'eau, et portez-le au petit perlé. Ajoutez alors les fruits et le nouet. Laissez cuire en tournant bien. Le sirop doit devenir ambré et les fruits transparents. Vérifiez la cuisson à l'assiette. Lorsque la confiture fige à l'assiette, versez en pots. Couvrez.

Vous pouvez également retirer la peau des fruits, ébouillanter les pelures et les hacher finement. Mettez les fruits en quartiers. Versez alors les quartiers de fruits et le hachis de pelures dans le sirop bouillant. Même cuisson.

MELON

CONFITURE DE MELONS

1 kg de chair de melons bien mûrs
700 g de sucre
1 citron vert

Épluchez les melons et retirez les graines. Coupez la chair en petits cubes. Pesez-la. Brossez soigneusement le citron, pressez-le et râpez finement le zeste. Mettez les fruits dans un récipient et versez-y le jus de citron et le zeste râpé.

Préparez le sirop avec la même quantité de sucre et l'eau dans la bassine à confiture, mélangez bien à feu doux et, lorsqu'il est fondu, laissez cuire au petit perlé. Versez-y alors les fruits en mélangeant délicatement et laissez cuire à feu doux en tournant. Lorsque la confiture est à point, les fruits deviennent transparents.

Vérifiez à l'assiette.

Versez en pots. Couvrez.

MARMELADE DE MELONS DE MONTAGNE À LA MENTHE FRAÎCHE

2 petits melons de montagne verts et juteux
Sucre : poids de la chair
1 pot de gelée de pommes vertes
10 feuilles fraîches de menthe poivrée

Découpez les melons en tranches, pelez-les, retirez les graines et le cœur mou et taillez-les en cubes. Pesez-les. Versez-les dans la bassine avec leur poids de sucre et le pot de gelée. Mélangez bien à feu doux et montez le feu. Tournez fréquemment. Laissez cuire jusqu'à ce que la marmelade prenne de la consistance et une belle couleur. Vérifiez la prise à l'assiette. Ajoutez alors les feuilles de menthe et remuez bien.

Versez en pots. Couvrez.

MÛRE

MARMELADE DE MÛRES

2 kg de mûres
2 kg de sucre
2 jus de citrons

Jetez les fruits lavés et équeutés dans la bassine avec le sucre et le jus de 2 citrons. Mélangez bien et laissez reposer toute la nuit. Passez le tout au moulin à légumes, ou laissez-les tels quels si vous préférez. Mettez la marmelade dans la bassine à confiture et faites cuire à feu vif en tournant jusqu'au grand boulé.

Surveillez la cuisson à l'assiette.

Mettez en pots. Couvrez.

GELÉE DE MÛRES

2 kg de mûres
Sucre : 1 kg par litre de jus
2 jus de citrons

Lavez les fruits, équeutez-les. Mettez-les à crever dans la marmite, à feu doux. Passez-les au moulin à légumes, puis versez-les sur la mousseline à gelée au-dessus de la jatte en la tordant un peu pour en extraire un maximum de jus.

Préparez le sirop avec le sucre et 1 verre d'eau pour 500 grammes, en tournant à feu doux et menez-le au grand boulé. Versez le jus dans le sirop, ajoutez le jus de 2 citrons et laissez cuire à feu doux en tournant jusqu'à la prise.

Vérifiez à l'assiette. Versez en pots.

Couvrez à froid.

Confiture de melons *(page 63)*

Confiture de myrtilles (page 66)

Confiture d'oranges (page 69) et gelée de cassis (page 34)

Confiture de poires (page 75)

Marmelade de poires et poivrons rouges (page 77)

Gelée de raisin

Confiture de roses (page 90)

Pâtes de fruits

PÂTE DE MÛRES

2 kg de mûres

Sucre : 1,5 kg par litre de jus

2 jus de citrons

Obtenez le jus comme dans la recette de la page ci-contre (« Gelée de mûres »). Pesez-le.

Préparez le sirop au cassé avec le sucre et 1 verre d'eau pour 500 grammes.

Mélangez bien à feu doux, puis portez le sirop au grand boulé. Ajoutez alors le jus de mûres et de citrons et tournez constamment jusqu'à ce que le mélange épaississe et se détache du fond de la bassine.

Vérifiez à l'assiette.

Versez dans les moules légèrement huilés et saupoudrés de sucre cristallisé.

Coupez à froid. Conservez au sec.

Il existe deux sortes de mûres : les bleues pruinées des ronces courant sur les talus, qui sont très juteuses et un peu acides, et les noires, plus sèches et sucrées, en buissons. On peut mélanger les deux espèces lors de la cueillette.

MYRTILLE

CONFITURE DE MYRTILLES

3 kg de myrtilles
3 kg de sucre
1 jus de citron

Mettez les baies à macérer avec le sucre dans une jatte, et laissez reposer toute une nuit.

Déposez-les dans une passoire pour en récolter le jus. Versez-le dans la bassine et laissez cuire au petit perlé.

Ajoutez alors les fruits restés dans la passoire en tournant doucement jusqu'à la reprise du bouillonnement.

Laissez cuire environ 25 minutes.

Surveillez la prise et vérifiez à l'assiette.

Mettez en pots et couvrez.

GELÉE DE MYRTILLES

3 kg de myrtilles
1 kg de sucre par kilo de jus
3 pots de gelée de groseilles

Mettez les fruits dans la bassine et couvrez d'eau. Laissez bouillir une dizaine de minutes. Égouttez-les et passez-les au moulin à légumes. Récoltez et pesez le jus obtenu.

Préparez le sirop avec le sucre et 1 verre d'eau pour 500 grammes. Laissez cuire au petit boulé. Versez alors le jus de myrtilles et les pots de gelée de groseilles dans le sirop, et laissez cuire à feu doux en tournant jusqu'à la prise. Vérifiez à l'assiette. Versez en pots et couvrez à froid.

NOIX

CONFITURE DE NOIX VERTES

3 kg de noix vertes

2,5 kg de sucre

1 cuillerée à café de cannelle râpée

Cueillez les noix en juillet lorsqu'elles sont tendres, et retirez une partie du brou. Lardez-les de coups d'épingle, et laissez tremper plusieurs jours dans l'eau froide, en changeant l'eau fréquemment. Puis mettez-les à blanchir 10 minutes à l'eau bouillante, additionnée de vinaigre, et égouttez-les.

Préparez le sirop dans la bassine en mettant le sucre à fondre à feu doux avec 2 verres d'eau, mélangez bien et montez-le à feu vif jusqu'au petit perlé. Jetez-y alors les noix et la cannelle et laissez bouillir 1/2 heure environ en remuant.

Vérifiez la prise à l'assiette et mettez en pots. Couvrez.

MARMELADE DE NOIX VERTES À L'EAU-DE-VIE

2 kg de noix vertes

1,250 kg de sucre

1 cuillerée à café de cannelle râpée

2 petits verres d'eau-de-vie de fruit

Procédez avec les noix comme dans la recette précédente (« Confiture de noix vertes »). Une fois blanchies et égouttées, écrasez-les au pilon. Mélangez-les avec sucre et cannelle dans une terrine et laissez reposer toute une nuit.

Le lendemain, versez le tout dans la bassine, ajoutez 2 verres d'eau et mettez à cuire à feu doux en tournant une trentaine de minutes. Vérifiez la cuisson à l'assiette. Ajoutez l'eau-de-vie. Tournez et mettez en pots. Couvrez.

OIGNON

MARMELADE D'OIGNONS ET RAISINS SECS

2 kg d'oignons
1 kg de sucre
2 pincées de sel
1 livre de raisins secs
2 clous de girofle
1 cuillerée à café de poivre moulu
2 verres de vinaigre de vin

Épluchez les oignons et coupez-les en rondelles. Dans une jatte, mettez les raisins secs à tremper dans le vinaigre tiède avec le sel, le poivre et les clous de girofle.

Mettez le sucre à cuire à feu doux avec 2 verres d'eau jusqu'à ébullition, puis à feu vif jusqu'au cassé. Jetez-y les oignons. Laissez redonner un bouillon, puis faites cuire à feu doux une trentaine de minutes. Vérifiez la cuisson à l'assiette. Lorsque les oignons sont devenus translucides et le sirop épais, ajoutez le contenu de la jatte. Laissez redonner un bouillon et cuire 5 minutes.

Vérifiez à l'assiette le degré de prise.

Versez en pots et couvrez.

Cette marmelade aigre-douce accompagne merveilleusement viandes froides, gibier, omelette.

ORANGE

CONFITURE D'ORANGES

2 kg d'oranges douces à peau fine

2 kg de sucre

Lavez et brossez les oranges et coupez-les en rondelles minces, ou pelez-les à vif avant de les couper en tranches fines. Enfermez les pépins dans un nouet. Déposez les tranches dans une terrine d'eau fraîche pendant 12 heures et changez fréquemment cette eau.

Préparez une grande bassine d'eau salée et portez-la à ébullition. Lorsqu'elle bout, versez-y les fruits et laissez cuire jusqu'à ce qu'ils deviennent transparents. Sortez-les et égouttez-les. Préparez le sirop dans la bassine avec le sucre et 1 verre d'eau pour 500 grammes. Mélangez à feu doux et, après le premier bouillon, laissez cuire à feu vif jusqu'au petit perlé. Jetez-y alors les rondelles et le nouet. Laissez cuire en tournant fréquemment.

Vérifiez à l'assiette. Retirez le nouet.

Versez en pots et couvrez.

MARMELADE D'ORANGES

2 kg d'oranges à peau fine

2 kg de sucre

Lavez et brossez les oranges et laissez-les tremper dans l'eau fraîche quelques heures en renouvelant l'eau plusieurs fois. Pressez les oranges et mettez les pépins dans un nouet. Hachez les peaux d'oranges et mettez la marmelade obtenue à macérer 24 heures dans une jatte avec le sucre, le jus des oranges, le nouet et 2 verres d'eau. Mélangez bien. Versez le tout dans la bassine et portez à ébullition. Faites cuire 45 minutes en remuant souvent. Laissez reposer 24 heures en remettant dans la jatte. Remettez au feu et laissez cuire encore jusqu'à la prise. Vérifiez à l'assiette, retirez le nouet et versez dans les pots. Couvrez.

GELÉE D'ORANGES

2 kg d'oranges
Sucre : même poids que le jus
1 jus de citron

Brossez les fruits sous l'eau et pressez-les. Pesez le jus. Râpez finement les zestes. Recueillez les pépins dans un nouet. Dans la bassine, mettez à fondre doucement le sucre avec le jus. Ajoutez le zeste râpé, le nouet et le jus de citron. Laissez cuire à feu doux en tournant pendant au moins 1 heure. Vérifiez la cuisson à l'assiette. Retirez le nouet. Versez en pots. Couvrez à froid.

PAMPLEMOUSSE

CONFITURE DE PAMPLEMOUSSES

2 kg de pamplemousses
1 kg de sucre

Brossez les fruits. Coupez-les en rondelles fines et placez les pépins dans un nouet. Mettez les rondelles dans de l'eau 24 heures en changeant plusieurs fois l'eau. Égouttez-les. Mettez-les à cuire dans de l'eau salée jusqu'à ce qu'elles deviennent transparentes. Égouttez-les.

Préparez un sirop épais avec le sucre et 2 verres d'eau en tournant bien jusqu'au petit perlé. Ajoutez alors le nouet et les fruits. Laissez cuire en tournant 1/2 heure. Vérifiez la prise à l'assiette. Retirez le nouet et mettez en pots. Couvrez.

MARMELADE DE PAMPLEMOUSSES

Suivre la recette de la marmelade d'oranges (voir p. 69).

GELÉE DE PAMPLEMOUSSES

Suivre la recette de la gelée d'oranges (voir ci-dessus).

PAPAYE

MARMELADE DE PAPAYES

2 kg de papayes

Sucre : 650 g par kilo de pulpe

2 citrons verts

Lavez et brossez les citrons. Râpez le zeste et pressez les fruits. Pelez les papayes et retirez les graines et la peau. Coupez-les en cubes, pesez et mettez-les à macérer une nuit avec le poids nécessaire en sucre et le zeste des citrons.

Versez le tout dans la bassine et mettez à cuire à feu doux en tournant constamment au moins 20 minutes. La marmelade prend alors une belle couleur dorée. Vérifiez la cuisson à l'assiette. Mettez en pots et couvrez.

PASTÈQUE

CONFITURE DE PASTÈQUE

2 kg de chair de pastèque

1,3 kg de sucre

2 jus de citrons verts

Découpez la pastèque en tranches et pelez-les. Retirez le cœur mou et les graines. Coupez la chair en cubes. Mettez les cubes à bouillir dans la bassine avec de l'eau environ 10 minutes, puis égouttez-les. Pesez-les. Préparez le sirop avec le poids nécessaire en sucre et 2 verres d'eau. Laissez fondre à feu doux, puis montez le feu jusqu'au petit perlé. Ajoutez alors les fruits et le jus de 2 citrons. Laissez reprendre l'ébullition, puis baissez le feu et laissez cuire à feu doux en tournant sans arrêt. Lorsque les fruits deviennent translucides, vérifiez à l'assiette et versez en pots. Couvrez à froid.

MARMELADE DE PASTÈQUE

2 kg de pastèque
Sucre : 650 g par kilo de pulpe
2 jus de citrons

Coupez le fruit en larges tranches, ôtez le cœur mou, les pépins et la peau. Coupez la pulpe en dés. Pesez-les et mettez-les à macérer avec le sucre et le jus de 2 citrons au moins 12 heures. Versez dans la bassine et mettez à cuire à feu doux jusqu'à ce que la consistance devienne épaisse et de belle teinte ambrée.

Vérifiez à l'assiette.

Versez en pots et couvrez.

PATATE DOUCE

CONFITURE DE PATATES DOUCES

2 kg de chair cuites de patates douces
1,3 kg de sucre
5 clous de girofle
1 cuillerée à café de cannelle
1 gousse de vanille

Épluchez les patates, coupez-les en cubes, lavez-les et mettez-les à cuire dans une bassine d'eau bouillante jusqu'à ce que la chair soit souple sans s'écraser sous le doigt. Égouttez les patates et pesez-les. Préparez le sirop avec le sucre et 1 verre d'eau pour 500 grammes. Faites fondre à feu doux et montez le feu jusqu'au petit boulé. Versez-y la cannelle, les clous de girofle, la vanille, puis ajoutez les patates. Baissez le feu et tournez constamment jusqu'à ce que les fruits deviennent translucides. Vérifiez à l'assiette. Retirez la vanille. Versez en pots et couvrez.

PÊCHE

CONFITURE DE PÊCHES

3 kg de pêches

Sucre : poids égal à celui de la pulpe

1 jus de citron

Pelez les fruits, ouvrez-les en deux pour en retirer les noyaux, et déposez les fruits dans la terrine. Pesez-les. Préparez le sirop dans la bassine avec le poids en sucre et 1 verre d'eau pour 500 grammes. Montez-le au petit perlé. Ajoutez-y le jus de citron et les fruits avec précaution pour ne pas les écraser. Lorsqu'ils deviennent transparents, retirez-les avec l'écumoire et répartissez-les dans les pots aux trois quarts. Continuez la cuisson du sucre et lorsque le sirop devient plus épais (vérifiez à l'assiette), versez-le pour finir de remplir les pots. Couvrez.

MARMELADE DE PÊCHES

3 kg de chair de pêches

2,25 kg de sucre

2 jus de citrons

Pelez les fruits, ouvrez-les pour en retirer les noyaux dont vous en casserez quelques-uns pour en ôter l'amande. Pesez les fruits. Versez-les avec le sucre et le jus de 2 citrons dans la bassine à confiture, puis mettez à cuire à feu très doux en remuant souvent. Lorsque les fruits deviennent translucides et le jus épais, ajoutez les amandes émincées. Mélangez bien.

Vérifiez la cuisson à l'assiette et versez en pots. Couvrez.

MARMELADE DE PÊCHES DE VIGNE AU PINOT ROUGE

2 kg de petites pêches violacées
2 kg de sucre
2 verres de pinot rouge

Pochez les pêches à l'eau bouillante, ouvrez-les en deux pour retirer le noyau et pelez-les. Mettez-les dans une terrine avec le sucre et 2 verres de pinot rouge. Laissez macérer toute la nuit.

Versez le tout dans la bassine et mettez à cuire à feu doux. Tournez soigneusement. Laissez cuire quelques minutes.

Vérifiez la prise à l'assiette et versez en pots. Couvrez aussitôt.

PÂTE DE PÊCHES

2 kg de pêches
2 kg de sucre

Préparez les fruits. Mettez-les à cuire avec 2 verres d'eau. Écrasez-les et passez la purée au tamis. Pesez et ajoutez leur poids en sucre. Mettez la pâte dans la bassine à feu doux en tournant constamment, le temps qu'elle sèche. Lorsqu'elle devient épaisse et se détache du bord de la bassine, retirez du feu et versez sur une feuille de papier sulfurisé saupoudré de sucre cristallisé. Saupoudrez le dessus de sucre et étendez la pâte à l'aide d'un rouleau à pâtisserie. Protégez-la d'une mousseline et mettez à sécher au soleil. Coupez et conservez au sec.

PISSENLIT

GELÉE DE FLEURS DE PISSENLIT

Ce que vous avez ramassé en fleurs de pissenlit fraîches, bien épanouies, lavées et séchées au soleil
1 orange
1 citron
Sucre : le poids du jus obtenu

Mettez à frémir dans 1 litre d'eau les fleurs, l'orange et le citron bien brossés sous l'eau courante et hachés menu. Laissez cuire 45 minutes. Filtrez sur la mousseline à gelée en pressant pour en extraire un maximum de jus. Pesez. Mélangez avec le poids de sucre et mettez à cuire de 30 à 40 minutes. Vérifiez la prise à l'assiette et versez en pots. Couvrez à froid.

Je donne cette recette à titre de curiosité : cette gelée n'offre rien de plus que celle de pommes ou de coings. En Franche-Comté, elle se nomme « cramaillotte ». On y ajoute de l'agar-agar.

POIRE

CONFITURE DE POIRES

2 kg de poires mûres et juteuses
1 kg de sucre
1 jus de citron

Coupez les fruits en quartiers, retirez le cœur et pelez-les. Préparez le sirop avec le sucre et 2 verres d'eau. Mélangez bien à feu doux et montez le feu au petit perlé. Ajoutez alors les quartiers de poires et le jus de citron. Laissez cuire à feu doux en tournant doucement, jusqu'à ce que les fruits deviennent translucides et de belle couleur rosée. Vérifiez à l'assiette. Remplissez les pots aux trois quarts en commençant par les fruits. Ajoutez le sirop. Couvrez.

CONFITURE DE POIRES D'HIVER

2 kg de poires d'hiver (passe-crassanes)
2 l de vin blanc
700 g de sucre
2 jus de citrons
2 zestes d'oranges râpés
6 clous de girofle
1 cuillerée à café de cannelle
6 cuillerées à soupe de miel
6 cuillerées à café de moutarde

Coupez les fruits en quartiers, retirez le cœur et pelez-les. Mettez-les à macérer 12 heures dans une terrine avec le jus de 2 citrons, les zestes d'oranges, les clous de girofle, la cannelle, le miel, la moutarde et recouvrez de vin blanc.

Préparez un sirop avec le sucre et 1 verre d'eau. Montez le sirop au petit boulé et versez-y la préparation. Laissez cuire environ 30 minutes à feu doux en mélangeant souvent.

Vérifiez la cuisson à l'assiette. Dès qu'elle fige, mettez en pots et couvrez.

Cette confiture se sert avec viandes froides, gibier, rôti de porc.

MARMELADE DE POIRES

2 kg de poires
1 kg de sucre
1 jus de citron
4 clous de girofle

Coupez les fruits en quartiers, retirez le cœur et pelez-les. Rassemblez dans un nouet les pépins et les clous de girofle. Mettez-les avec les fruits dans une jatte en alternant sucre et fruits. Ajoutez le jus de citron, mélangez délicatement et laissez macérer 2 heures.

Versez le tout dans la bassine à confiture et laissez cuire à feu doux au moins 1 heure. Tournez souvent.

Vérifiez la cuisson à l'assiette. Retirez le nouet. Versez en pots et couvrez.

MARMELADE DE POIRES ET POIVRONS ROUGES

2 kg de poires assez fermes
5 poivrons rouges
1 kg de sucre
1 pot de gelée de pommes vertes
1 jus de citron

Coupez les fruits en quartiers, retirez le cœur et pelez-les. Mettez les pépins dans un nouet. Faites cuire les poivrons au four. Pelez-les. Coupez les poires en morceaux et découpez les poivrons en fines lanières.

Versez le tout dans la bassine avec le sucre, le jus de citron, 1 verre d'eau pour 500 grammes et le pot de gelée. Mélangez bien à feu doux et montez à feu vif jusqu'au bouillonnement. Laissez cuire en tournant fréquemment.

Vérifiez la prise à l'assiette.

Versez en pots et couvrez.

GELÉE DE POIRES

2 kg de poires
Sucre : poids égal à celui du jus
1 jus de citron

Préparez les poires comme ci-contre (« Marmelade de poires ») et mettez-les dans la bassine en les recouvrant d'eau à ras des fruits. Amenez à ébullition. Laissez cuire à feu doux jusqu'à ce que les fruits se défassent. Versez alors sur la mousseline à gelée au-dessus d'une terrine et pressez légèrement pour que le jus s'écoule bien. Pesez ce jus. Versez dans la bassine leur poids en sucre et 1 verre d'eau pour 500 grammes, et amenez le sirop à ébullition à feu doux, puis à feu vif jusqu'au cassé. Versez-y alors le jus de poires et le jus de citron en mélangeant bien et laissez cuire en tournant jusqu'à épaississement.

Vérifiez à l'assiette.

Versez en pots. Couvrez à froid.

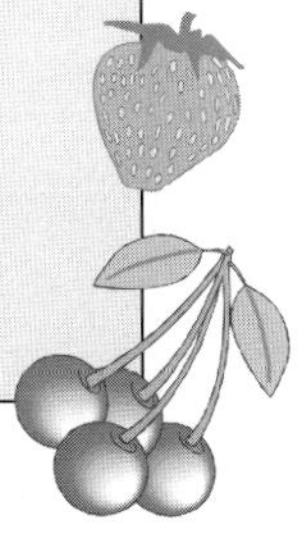

GELÉE DE POIRES AU VIN

2 kg de chair de poires
1 l de bon vin rouge
2 kg de sucre

Coupez les poires en quartiers et ôtez les cœurs. Recouvrez-les de vin et montez à ébullition sur feu vif. Baissez la flamme pour laisser cuire à feu doux jusqu'à ce que les poires se défassent. Passez au moulin à légumes, grille fine au-dessus d'une terrine. Pesez la purée obtenue.

Préparez le sirop dans la bassine avec le poids de la purée en sucre et 1 verre d'eau pour 500 grammes de sucre. Montez-le au cassé. Ajoutez alors la purée de fruits et laissez cuire à feu doux en tournant constamment. Lorsque le mélange épaissit, vérifiez à l'assiette et mettez en pots. Couvrez à froid.

POMME

CONFITURE DE POMMES

2 kg de reinettes
Sucre : poids égal à celui des pommes préparées
2 citrons
2 cuillerées à café de cannelle

Épluchez les pommes, coupez-les en quartiers, ôtez le cœur. Mettez épluchures et pépins dans un nouet. Frottez les quartiers de jus de citron et jetez-les dans la bassine. Recouvrez les pommes d'eau à ras des fruits et mettez à cuire avec le nouet, à feu vif jusqu'à ébullition, puis à feu doux pour garder les quartiers intacts. Une fois cuits, retirez-les du feu. Pesez les fruits et le jus. Déposez les fruits dans une jatte et remettez le jus dans la bassine avec le poids en sucre. Laissez fondre à feu doux, puis faites-le monter à la nappe. Remettez alors les fruits et la cannelle. Laissez cuire doucement environ 40 minutes, jusqu'à ce que les quartiers deviennent transparents et le jus doré. Vérifiez à l'assiette. Prenez les fruits à l'aide de l'écumoire, remplissez les pots aux trois quarts, puis ajoutez le jus.

Fermez à froid.

MARMELADE DE POMMES

2 kg de pommes plutôt acides
2 kg de sucre
2 jus de citrons
2 cuillerées à café de cannelle

Lavez et préparez les pommes en quartiers. Gardez épluchures et pépins dans un nouet. Mettez les fruits dans la bassine à confiture avec le sucre, le jus de 2 citrons et la cannelle. Ajoutez 1 verre d'eau pour 500 grammes de sucre, tournez et laissez cuire jusqu'au bouillonnement. Ajoutez le nouet. Baissez la flamme et laissez cuire environ 45 minutes.

Vérifiez la cuisson à l'assiette. Retirez le nouet et versez en pots. Couvrez.

GELÉE DE POMMES

2 kg de pommes
Sucre : même poids que de jus
1 jus de citron
1 bâton de cannelle

Lavez et préparez les pommes en quartiers. Gardez épluchures et pépins dans un nouet. Mettez les fruits dans la bassine avec le jus de citron, et couvrez d'eau au ras des fruits. Mettez à cuire jusqu'à ce que les fruits soient mous sous le doigt. Versez sur la mousseline à gelée en pressant au-dessus d'une jatte. Pesez le jus.

Préparez le sirop avec le même poids de sucre et 1 verre d'eau pour 500 grammes. Mettez-le à cuire jusqu'au petit boulé. Versez alors le jus de pommes. Ajoutez la cannelle et le nouet. Laissez cuire 15 minutes environ en retirant l'écume. Vérifiez la prise à l'assiette. Retirez le nouet et la cannelle. Mettez en pots et couvrez à froid.

Cette gelée va vous être très utile dans la confection de diverses préparations difficiles à prendre (voir « Les confitures », p. 15). Elle permet, en outre, de confectionner la gelée de violettes, de fleurs d'acacia et de pissenlit.

GELÉE DE POMMES VERTES

2 kg de pommes vertes (cueillies avant maturité)

Sucre : même poids que de jus

1 jus de citron

Lavez et préparez les pommes en quartiers. Mettez les pépins dans un nouet. Versez les quartiers dans la bassine et recouvrez d'eau. Laissez mijoter à feu doux pendant 1 heure. Versez le tout sur la mousseline à gelée et pressez pour extraire le jus. Pesez-le.

Mettez le jus dans la bassine avec son poids en sucre, le jus de citron et le nouet.

Laissez cuire à feu doux jusqu'à la fonte du sucre, puis à feu vif en tournant jusqu'à l'ébullition.

Laissez bouillir 5 minutes.

Vérifiez la prise à l'assiette et versez en pots. Couvrez à froid.

Cette gelée vous sera très utile pour aider à prendre les confitures de fruits pauvres en pectine (poires, cerises, etc.).

PÂTE DE POMMES

La pulpe restant de la gelée de pommes vertes

Sucre : même poids que celui de la pulpe

1 cuillerée à café de cannelle râpée

Pelez les pommes récoltées sur la mousseline à gelée et pesez-les.

Mettez-les dans la bassine avec le même poids de sucre et la cannelle, et laissez cuire à feu doux. Tournez de plus en plus souvent au fur et à mesure que la purée épaissit.

Dès qu'elle brunit légèrement et se détache de la bassine, versez-la dans les moules ou le plat légèrement huilés et saupoudrés de sucre cristallisé.

Découpez à froid et conservez au sec.

POTIRON

MARMELADE DE POTIRON

- *1 petit potiron ou la moitié d'un gros*
- *Sucre : même poids que celui de la chair*
- *1 jus de citron par kilo*
- *1 gousse de vanille*

Coupez le potiron en tranches pour en retirer l'écorce. Retirez les fibres et les graines.

Coupez la chair en dés. Pesez-les.

Mettez les morceaux dans une terrine avec le même poids de sucre en alternant couches de fruits et sucre et laissez macérer 12 heures en remuant de temps en temps. Versez dans la bassine à feu doux.

Ajoutez le citron et la vanille et 1 verre d'eau par kilo de sucre. Laissez cuire 1 heure en tournant fréquemment.

Vérifiez à l'assiette la densité de la marmelade. Dès qu'elle se fige, retirez la vanille, versez en pots, puis couvrez.

MARMELADE DE POTIRON AUX ABRICOTS SECS

- *1 petit potiron*
- *Sucre : 750 g par kilo de fruits*
- *Abricots secs : 1/3 du poids de chair de potiron*
- *1 jus de citron*
- *1 gousse de vanille*

Procédez avec le potiron selon la recette précédente (« Marmelade de potiron »), mais avec un peu moins de sucre. Pesez les abricots secs, coupez-les en quatre et immergez-les à niveau dans une terrine d'eau froide afin qu'ils gonflent le temps de macération du potiron. Versez le potiron, les abricots avec leur eau, le jus de citron et la vanille dans la bassine et laissez cuire 1 heure à feu doux.

Vérifiez à l'assiette, retirez la vanille et mettez en pots. Couvrez.

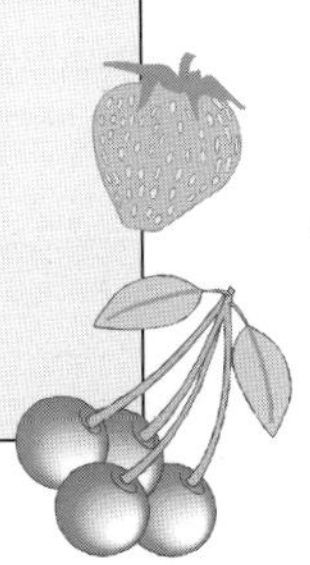

MARMELADE DE POTIRON AU MIEL ET PAIN D'ÉPICES

1 petit potiron

Miel : 750 g par kilo de fruits

1 petit pain d'épices moelleux

Préparez le potiron comme dans deux recettes précédentes et jetez les morceaux dans une terrine avec le miel et le pain d'épices émietté. Mélangez bien et laissez macérer toute une nuit. Versez le tout dans la bassine et mettez à cuire à feu doux en tournant fréquemment.

Lorsque la marmelade commence à épaissir, vérifiez la prise et versez en pots. Couvrez.

PRUNE

CONFITURE DE REINES-CLAUDES

2 kg de reines-claudes dénoyautées

2 kg de sucre

1 jus de citron

Ouvrez les prunes en deux pour en retirer les noyaux ou, si vous préférez des fruits entiers, incisez-les délicatement. Pesez-les. Versez les fruits dans une terrine avec 1 verre d'eau, et recouvrez de sucre en mélangeant doucement. Laissez macérer quelques heures. Cassez une cinquantaine de noyaux et jetez les amandes dans l'eau bouillante pour en retirer la peau. Hachez-les finement. Versez le contenu de la terrine dans la bassine et mettez à cuire à feu doux jusqu'à ce que le sucre fonde, puis à feu vif jusqu'à ébullition, en mélangeant soigneusement pour ne pas écraser les fruits. Lorsque ceux-ci deviennent transparents, ajoutez les amandes hachées. Tournez, vérifiez à l'assiette et versez en pots. Couvrez à froid. Si les fruits sont aqueux, n'ajoutez pas d'eau au sucre. Si le jus est néanmoins très abondant, retirez les fruits à l'aide de l'écumoire pour remplir les pots aux trois quarts et laissez cuire le sirop jusqu'au degré de concentration voulu avant de finir de remplir les pots.

MARMELADE DE MIRABELLES

2 kg de mirabelles bien mûres

Sucre : 1,6 kg de sucre par kilo de fruits dénoyautés

1 jus de citron

Dénoyautez les fruits en les incisant pour les garder entiers et mettez-les à macérer une nuit avec le sucre et le jus de citron. Versez-les dans la bassine à confiture et laissez cuire en tournant 30 minutes à feu moyen après ébullition.

Sortez les mirabelles avec l'écumoire et gardez-les au chaud dans une jatte le temps de réduire le sirop jusqu'à consistance épaisse.

Vérifiez à l'assiette.

Replongez les fruits dans le sirop et redonnez quelques bouillons.

Remplissez alors les pots en répartissant bien les fruits. Couvrez.

MARMELADE DE QUETSCHES

2 kg de fruits

Sucre : même poids que de pulpe

1 jus de citron

Préparez les prunes et disposez-les dans la bassine avec 2 verres d'eau. Mettez à cuire environ 15 minutes en tournant. Passez le tout sur le tamis et écrasez les fruits sans laisser passer la peau. Pesez la pulpe obtenue.

Versez-la dans la bassine à confiture avec son poids en sucre et le jus de citron, puis mettez à cuire en tournant.

Vérifiez la prise à l'assiette.

Mettez en pots et couvrez à froid.

MARMELADE DE QUETSCHES ET MIRABELLES

1 kg de quetsches

1 kg de mirabelles

Sucre : même poids que celui des fruits préparés

1 jus de citron

Ouvrez les prunes pour en retirer les noyaux. Mettez-les à macérer avec le sucre et le jus de citron. Mélangez bien et laissez reposer toute une nuit.

Versez le tout dans la bassine et mettez à cuire à feu doux en tournant. Lorsque les fruits deviennent translucides et le jus épais, la marmelade est prête.

Vérifiez la prise à l'assiette et versez en pots. Couvrez à froid.

GELÉE DE REINES-CLAUDES

2 kg de prunes dénoyautées

2 kg se sucre

1 jus de citron

Ouvrez les fruits et retirez les noyaux.

Pesez-les. Mettez-les à cuire à feu doux dans la bassine avec 1 verre d'eau par kilo de fruits et laissez cuire jusqu'à ce que les prunes fondent.

Versez-les alors sur la mousseline à gelée au-dessus de la terrine, et laissez égoutter le jus. Pesez ce jus. Pesez le sucre et versez-le dans la bassine avec 1 verre d'eau pour 500 grammes. Mettez la bassine à feu doux le temps que fonde le sucre, puis à feu vif jusqu'à la plume. Ajoutez alors le jus et le jus de citron en mélangeant bien, laissez reprendre l'ébullition, et surveillez la cuisson qui doit être régulière.

Vérifiez la prise à l'assiette et versez en pots. Couvrez à froid.

PÂTE DE REINES-CLAUDES

2 kg de fruits

Sucre : même poids que celui de la pulpe

1 jus de citron

Mettez à cuire les fruits dénoyautés dans la bassine avec 2 verres d'eau jusqu'à ce qu'ils fondent. Passez-les au moulin à légumes. Versez la purée dans la bassine et mettez-la à réduire aux deux tiers. Pesez la purée.

Préparez un sirop avec son même poids en sucre et 1 verre d'eau pour 500 grammes de sucre pesé. Mélangez, laissez fondre à feu doux, puis à feu plus vif jusqu'au cassé.

Jetez-y alors la purée de prune, le jus de citron, et laissez cuire en tournant bien tandis que la pâte épaissit. La cuillère doit laisser un sillon permettant de voir le fond de la bassine.

Vérifiez à l'assiette. Versez dans les moules ou le plat légèrement huilés et saupoudrés de sucre cristallisé.

Coupez à froid et gardez au sec.

RAISIN

CONFITURE DE CHASSELAS

2 kg de chasselas bien mûr
1 kg de sucre
2 cuillerées à soupe de vinaigre

Lavez les grappes à grande eau et égrenez-les. Ne gardez que les grains parfaitement sains et parfaitement mûrs. Armez-vous de courage pour retirer les pépins un à un avec une plume d'oie ou un cure-dent… Ou laissez-les, mais ce sera évidemment moins agréable à déguster.

Versez les grains dans la bassine à confiture avec 1 verre d'eau par kilo de raisins préparés et laissez cuire à feu doux au moins 1 heure 30 après l'ébullition. Ajoutez alors le sucre et le vinaigre, tournez bien et laissez reprendre l'ébullition dès que le sucre aura disparu. Vérifiez la prise à l'assiette et versez en pots. Couvrez à froid.

MARMELADE DE RAISIN, POIRES ET PRUNES

2 kg de raisin égrappé
250 g de chair de poires
250 g de chair de prunes
1 jus de citron
2 kg de sucre

Lavez et égrappez le raisin. Pelez les poires, ôtez le cœur, et coupez-les en morceaux. Dénoyautez les prunes, coupez-les en quatre. Pesez les fruits.

Mettez les raisins à éclater dans la bassine en les écrasant au pilon. Versez sur la mousseline à gelée en pressant fortement pour en extraire le maximum de jus. Versez ce jus dans la bassine et laissez-le réduire de moitié à feu doux. Ajoutez alors les morceaux de fruits avec le poids en sucre et le jus de citron. Laissez fondre en mélangeant bien et montez à feu plus vif jusqu'au bouillonnement, puis laissez cuire doucement. Vérifiez la cuisson à l'assiette.

Versez en pots et couvrez à froid.

GELÉE DE MUSCAT

2 kg de muscat

Sucre : poids égal à celui du jus

1 cuillerée à soupe de vinaigre par kilo de jus

Lavez et égrenez le raisin. Écrasez les grains au moulin à légumes. Versez la pulpe sur la mousseline à gelée et pressez un peu pour en extraire le jus. Pesez le jus obtenu. Pesez son poids en sucre. Mettez dans la bassine le sucre et 1 verre d'eau pour 500 grammes. Faites fondre à feu doux en mélangeant et amenez le sirop au cassé à feu vif.

Ajoutez-y alors le jus de muscat et le vinaigre, mélangez et laissez reprendre l'ébullition, puis laissez cuire doucement jusqu'à épaississement.

Vérifiez la prise à l'assiette et versez dans les pots. Couvrez à froid.

GELÉE DE VERJUS

Du raisin de treille vert

Sucre : 3/4 du poids du jus

Lavez, égrappez les raisins et écrasez-les. Versez sur la mousseline à gelée pour en extraire le jus. Pesez. Mettez ce jus dans une petite bassine à cuire à feu doux jusqu'à ce qu'il prenne une couleur vert vif. Préparez le sirop avec le sucre et 1 verre d'eau, mélangez bien à feu doux puis à feu vif pour l'amener au grand boulé. Ajoutez-y alors le jus en mélangeant bien, et laissez cuire en vérifiant la prise à l'assiette.

Versez en pots et couvrez à froid.

Cette gelée, un peu acide et goûteuse, est exquise aussi bien sur les tartines qu'en accompagnement de plats : poulet, viandes froides, gibier.

RHUBARBE

CONFITURE DE RHUBARBE

2 kg de tiges de rhubarbe

Sucre : le poids des tiges préparées

Coupez les feuilles de la rhubarbe pour ne garder que les tiges. Épluchez les tiges de leur peau filandreuse, et débitez-les en tronçons de 2 centimètres. Pesez-les. Mettez-les dans la bassine et recouvrez-les d'eau. Portez à ébullition, puis laissez cuire 30 minutes à feu doux en remuant souvent.

Lorsque la rhubarbe est cuite, ajoutez le poids en sucre, mélangez bien et laissez cuire encore à feu doux en tournant. Lorsqu'elle devient d'un beau rouge-brun, presque transparente et de jus épais, vérifiez la prise à l'assiette. Versez en pots et couvrez à froid.

On peut parfumer cette marmelade en ajoutant, en fin de cuisson, du gingembre confit coupé en petits cubes, de la cannelle ou du clou de girofle.

CONFITURE DE RHUBARBE À L'ORANGE

2 kg de rhubarbe

2 kg de sucre

1 orange

1 citron

Préparez les tiges en tronçons et déposez-les dans une terrine avec le sucre, l'orange et le citron brossés sous l'eau et coupés en très fines lamelles. Mélangez et laissez macérer 24 heures au frais.

Versez le tout dans la bassine et portez à ébullition. Puis, montez le feu en remuant pour éviter que la confiture n'attache. Comptez 30 minutes de cuisson. Vérifiez la prise à l'assiette. Mettez en pots. Couvrez à froid.

MARMELADE DE RHUBARBE AUX FRUITS SECS

2 kg de rhubarbe épluchée
2 kg de sucre
500 g d'abricots secs
500 g de figues sèches
200 g de pignons
1/2 l de thé parfumé
2 cuillerées à soupe de rhum

Préparez la rhubarbe en tronçons. Pesez-les. Versez-les dans une terrine avec le sucre et laissez macérer quelques heures.

Mettez les abricots et les figues à gonfler dans du thé parfumé avec 1 petit verre de rhum.

Versez le contenu de la terrine dans la bassine, ajoutez les fruits secs et portez à feu doux 30 minutes en remuant sans cesse.

Vérifiez la cuisson à l'assiette, versez en pots et couvrez.

ROSE

CONFITURE DE ROSES

Une certaine quantité de pétales de roses les plus parfumées

Sucre : même poids que celui des pétales

Gelée de pommes : même poids que celui des pétales

1 jus de citron pour 250 g de pétales

Mettez les pétales dans une terrine et versez sur eux 1 décilitre d'eau bouillante pour 100 grammes de pétales. Laissez infuser 3 heures.

Versez dans la bassine la gelée de pommes, le sucre, le jus de citron, puis les pétales avec l'eau infusée. Mélangez bien le tout et portez à feu très doux le temps que fonde le sucre, puis à feu plus vif pour l'amener à ébullition. Laissez cuire à feu doux en tournant.

Vérifiez la prise à l'assiette. Mettez en pots et couvrez à froid.

GELÉE DE ROSES ET GROSEILLES À MAQUEREAU

Procédez comme ci-dessus (« Confiture de roses »), mais remplacez la gelée de pommes par de la gelée de groseilles.

GELÉE DE ROSES ET GROSEILLES BLANCHES

2 kg de groseilles

250 g de pétales de roses

Sucre en poudre : la moitié du poids du jus

Mettez les groseilles à éclater à feu doux. Écrasez-les au pilon. Versez sur la mousseline à gelée et pressez pour en extraire un maximum de jus. Pesez. Versez ce jus dans la bassine avec le sucre, et portez à ébullition en tournant jusqu'au petit boulé. Versez alors les pétales et laissez bouillir 5 minutes.

Vérifiez la prise à l'assiette, filtrez ou non sur une mousseline et versez en pots. Couvrez à froid.

SUREAU

GELÉE DE SUREAU

1 kg de grappes de sureau les plus noires
Sucre : poids égal au jus obtenu
1 jus de citron par kilo

Mettez les baies à éclater en grappe dans la bassine avec très peu d'eau, écrasez un peu au pilon. Versez le tout sur la mousseline à gelée et pressez pour en extraire un maximum de jus. Pesez-le. Remettez dans la bassine le jus avec son poids en sucre et le jus de citron. Mettez à feu vif en tournant constamment.

Vérifiez à l'assiette.

Versez en pots et couvrez à froid.

Cette gelée, pauvre en pectine, prend difficilement. On conseille d'utiliser du sucre gélifiant.

TOMATE

CONFITURE DE TOMATES ROUGES

2 kg de tomates bien mûres
2 kg de sucre
1 citron
1 gousse de vanille

Jetez les tomates dans l'eau bouillante quelques instants pour leur retirer la peau. Passez-les sous l'eau froide afin de les raffermir. Coupez-les en deux et retirez les pépins.

Coupez-les en morceaux. Préparez le sirop avec le sucre et 1 verre d'eau pour 500 grammes.

Portez à ébullition. Versez-y les tomates, le citron bien brossé à l'eau courante découpé en fines tranches et la vanille. Laissez mijoter à feu doux durant 3 heures.

Vérifiez la prise à l'assiette. Retirez la vanille et versez en pots. Couvrez.

CONFITURE DE TOMATES VERTES

2 kg de tomates vertes
1,5 kg de sucre
1 citron

Lavez et découpez les tomates en minces rondelles que vous mettrez à macérer 24 heures dans une terrine en couches alternées avec le sucre. Versez dans la bassine, ajoutez le citron bien lavé coupé en tranches ultrafines. Mettez à feu doux et laissez cuire jusqu'au soufflé en tournant constamment. Lorsque la confiture prend une teinte ambrée, vérifiez la prise à l'assiette et versez en pots. Couvrez.

GELÉE RAPIDE DE TOMATES VERTES

2 kg de tomates vertes
Sucre : 1,2 kg par litre de jus obtenu
1 jus de citron
1 gousse de vanille

Coupez les tomates en morceaux et écrasez-les au pilon. Passez-les au moulin à légumes. Versez sur la mousseline à gelée pour en extraire le jus. Pesez ce jus. Mélangez les jus de tomates et de citron avec le sucre et la vanille. Mélangez bien et portez à ébullition durant 4 minutes.

Vérifiez la prise à l'assiette et versez en pots. Couvrez à froid.

VIOLETTE

GELÉE DE VIOLETTES POUR TROIS POTS

150 g de fleurs fraîchement cueillies
1 kg de gelée de pommes

Mettez à chauffer doucement la gelée de pommes dans la bassine et ajoutez les fleurs fraîches. Montez doucement à ébullition et laissez cuire de 5 à 10 minutes. Vérifiez la prise à l'assiette. Versez en pots et couvrez à froid.

INDEX DES RECETTES

Marmelades

Pâtes de fruits

Achevé d'imprimer en avril 2004
à Milan, Italie,
sur les presses de Grafiche Milani

Dépôt légal : avril 2004
Numéro d'éditeur : 8572